アクティブ・ラーニングで深める技術科教育

～自己肯定感が備わる実践～

安東 茂樹 編著

開隆堂

目 次

まえがき 4

第1章 技術科教育におけるアクティブ・ラーニング……5

1. 学校教育に求められるアクティブ・ラーニング 6
2. 技術科教育における「技術的能力」 7
3. 技術科教育における「自己評価能力」 7
4. 技術科教育におけるアクティブ・ラーニングの位置づけ 8
5. アクティブ・ラーニングで深める授業 9

第2章 自己肯定感が備わる技術科教育……15

1. 主体的・協働的学習活動をはぐくむ背景 16
2. 技術科教育における自己肯定感と自己モニタ力 19
3. 技術科教育における自己肯定感と評価 20
4. 人間の成長から自己肯定感をはぐくむこと 21
5. 技術科教育に位置づけられる自己肯定感 21

第3章　アクティブ・ラーニングで深める技術科教育の実践……23

第1節　ガイダンスに関する技術科教育…… 24
① 関心・意欲・態度を育むガイダンス教育　24

第2節　A 材料と加工に関する技術科教育…… 32
① 伝統文化を継承するものづくり教育　32
② デザイン力や企画力を育む設計学習　40
③ 段取り力や臨機応変力を育む製作学習　48
④ 材料づくりから始めるものづくり実践　56

第3節　B エネルギー変換に関する技術科教育…… 64
① 回路設計力を育む思考ツールの活用　64
② 変換効率を考えたLEDの学習　72
③ ロボットコンテストを応用した授業づくり　80
④ アクティブ・ラーニングによる「ミニ四駆の製作」　88

第4節　C 生物育成に関する技術科教育…… 96
① 地域と連携を図る野菜の栽培　96
② これからの時代に求められる生物育成　104
③ 栽培ユニットによる主体的・能動的な学習　112
④ 情緒的な学びが存在する栽培学習　120

第5節　D 情報に関する技術科教育…… 128
① 倫理観を養いやさしさを育む情報教育　128
② デザイン力を育てるプログラミング学習　136
③ ディジタルの革新を学ぶ魅力的な展開　144
④ 新しい時代に求められる情報教育　152

まえがき

　中央教育審議会答申「新たな未来を築くための大学教育の質的変換に向けて～生涯学び続け，主体的に考える力を育成する大学へ～」（2012年8月）の中で，「従来のような知識の伝達・注入を中心とした授業から，教員と学生が意思疎通を図りつつ，一緒になって切磋琢磨し，相互に刺激を与えながら知的に成長する場を創り，学生が主体的に問題を発見し解を見いだしていく能動的学修（アクティブ・ラーニング）への転換が必要である。」と提言されている。また，「グループ・ディスカッション，ディベート，グループ・ワーク等による課題解決型の能動的学修の取り組みで成果を上げる。」と示し，双方向型の講義，演習，実験，実習や実技等を中心とした授業への転換を求めている。決して大学教育だけをさすものでなく，初等中等教育段階の教育でも求められていることである。これまで，中学校の技術科教育で実践されてきたプロジェクト学習の展開で，すでに実践的・体験的に学習活動するアクティブ・ラーニングは実施されているが，本書ではより深める技術科教育について，生徒の自己肯定感とともに考察する。

　アクティブ・ラーニングは，一斉授業などの一方向的な知識伝達型の授業における受動的な学習に対して，学習者自らの能動的学びで，小学校や中学校で日常的に取り入れている学習方法である。それをより深める技術科の授業を求め，自己評価活動を組み入れた主体的で協働的な学習の方略について，以下のような観点から技術科教育の意義や方法を提案する。

①中学校技術科教育の有用な指導内容
　これからの技術科教育に求められる能力等は，「主体的な学習活動」「デザイン力」「段取り力」「臨機応変力」「チーム力」などを育成する要素を含み，「自己肯定感」「セルフ・エスティーム」「伝統的に守られてきた緻密さへのこだわり」「優しい心情や温かい情緒」などである。これらの要素や内容のはぐくみを，各執筆者の経験や思いなどを含めて，実践に役立つ有用性について新提案を行う。

②技術科教育の意義を明確化した新しい学習内容
　理論と実践を往還しつつ客観的で科学的な理論を含んだ内容構成として，それを基に具現化した実践提示で技術科教育論としての指針を示す。これまで技術科教育で実践してきた指導法を骨子として位置付け，これからの技術科教育の方向性を明らかにする。将来に向けた夢を含んだ内容であったり斬新なプランであったりする学びの具現化で，教育現場の実践に活かすことができる内容を提案する。

③分かりやすく，繰り返し読みたくなる魅力的な内容
　中学校現場で指導に活かせる内容で，写真や図表で見やすい提示に努める。また，いろいろ最新の情報を取り入れ，多様な授業に活用できる。授業計画やその一部分の授業例などの指導法，及び評価方法などを含み，技術科教育の魅力的で有意義で，素晴らしい人間を育てているという実態を示すとともに広くアピールする内容を提案する。

（安東　茂樹）

第1章
技術科教育における
アクティブ・ラーニング

アクティブ・ラーニングとは，一方向的な知識伝達型授業での受動的学習に対する，能動的学習の総称で，最近では，受動的学習を乗り越える意味での，あらゆる能動的な学習のことを指し，書く・話す・発表する等の活動への関与とそこで生じる認知プロセスの外化を伴うもの（溝上：アクティブラーニングの観点から，島根大学ＦＤ研究会，授業の常識をひっくりかえす！反転授業を考える（基調講演），2014.2.12）と言われている。また，日本のアクティブ・ラーニングは能動的な参加を取り入れた教授・学習法の総称レベルで他者との関わりで対象世界を深く学び，これまでの知識や経験と結びつけると同時に人生につなげる深いアクティブ・ラーニングが求められると提言し，外的活動における能動性だけでなく，内的活動における能動性も重視した学習（松下：ディープ・アクティブラーニング，勁草書房，2015）と位置付けている。

多様に述べられているアクティブ・ラーニングに対して，技術科教育においても単にペア学習やグループ・ディスカッションを取り入れたり，ものづくり等の実践的・体験的学習を行ったりすることでアクティブ・ラーニングを実践したというのは拙速過ぎるように思われる。したがって，単に活動型の学習方法だけを述べるのではなく，思考の深さや自己評価活動，及び生徒の生き方などに関連する主体的・協働的な学習活動が必要と考えられる。

1 学校教育に求められるアクティブ・ラーニング

2014年12月に，文部科学大臣より中央教育審議会に「初等中等教育における教育課程等の基準の在り方について」の諮問があり，次期学習指導要領の基になる審議が開始された。その諮問内容の骨子として，「グローバル化に対応した学校教育として，個々人の潜在的な力を最大限に引き出し，よりよい社会を築いていくことができるように，児童・生徒が自ら考え，論理的に表現し，課題解決に向けて，他者と協議しながら行う主体的な学びのアクティブ・ラーニングが必要である」と示された。その指導方法として，互いの児童・生徒が話し合い，多様な視点で思考方法を学び合う双方向型の授業が重要と述べ，課題解決を目指した体験的な学習が求められている。同時に，学習指導要領における示し方についても変更しようとしている。従来までの「何を教えるか」を示した内容に加えて「どのような方法で教えるか」「どのような姿の生徒を求めるか」までを示し，その指導方法として，アクティブ・ラーニングが例示として位置付けられている。2016年の答申に向けて，これからの教育の在り方として，児童・生徒一人ひとりの進度，能力に応じて目標を設定するプロジェクト学習の指導方法が今後より重要になってくる。

「アクティブ・ラーニングで深める技術科教育」は，技術科教育をただ実践的・体験的に学習を推し進めるだけでなく，問題解決場面において，何度もリフレクション（省察）や自己評価を繰り返し，深い思考や確かな実践的態度を備えた技術的能力をはぐくむことが大切である。そのアクティブ・ラーニングを取り入れた「授業形態」として，学生参加型授業（コメント・質問を書く，フィードバックで理解度を確認，クリッカーやレスポンス・アナライザー，小テスト，ミニレポートなど），共同学習を取り入れた授業（協調学習，協同学習など），学習形態を取り入れた授業（課題解決学習，課題探求学習，問題解決学習，問題発見学習など），ＰＢＬ（プロジェクト・ベースド・ラーニング）（溝上：アクティブ・ラーニングとは，河合塾ガイドライン，

教育改革ing 概説，2010.11）が挙げられる。
　そのため，技術科教育における「技術的能力」や「自己評価能力」，及びそれらを統合した「技術的活動能力」の存在から，アクティブ・ラーニングを取り入れる意味や方法について論考して着眼点を探索する。

2 技術科教育における「技術的能力」

　技術科教育で育成すべき能力とは，評価観点（観点別学習状況）の「知識・理解」「技能」「工夫・創造」「関心・意欲・態度」と考えられるが，著者らが行った先行研究の，因子分析的な手法で明らかにしたのは，「技術的一般知識・理解」「技術的実践知識・理解」「技能」「関心・態度」で，総合した能力を「技術的能力」（安東・城：技術的能力に関する研究－学校適応・基礎学力との関係分析－，日本産業技術教育学会誌 Vol.30 No.2, 1988）と位置付けた。「知識・理解」については，技術科教育に関する基礎的・基本的内容の「技術的一般知識・理解」と，製図能力や作品の構造などの実践的内容の「技術的実践知識・理解」に分類した。また，この考え方は，「工夫・創造」の観点は個別としてではなく，他の三つの観点すべてに関わっている能力として，学習過程で頻繁に見られる「創意工夫」と位置付けて取り扱った。また，「関心・態度」については，「意欲」を包含している意味で使用し，以降，「関心をもたせて意欲をはぐくみ，態度化に導く観点」として明確化され「関心・意欲・態度」として位置付けた。
　技術的能力の「知識・理解」と「技能」の二つは，『基礎学力（国語・数学・英語の3R's（reading, writing, arithmetic））』と，「関心・態度」は『学校生活への適応度』と相互に関連していることが明らかになった。研究結果から，学校生活に適応して活き活きと活動する生徒をはぐくむ方策として，技術的能力をはぐくむ教授方法が明らかになった。
　① 実習や実技を重視する教授方法
　② 教授過程において，多様な教材・教具を活用する教授方法
　③ 他教科との連携で効果的に教授する方法
　④ 学習内容や授業の流れ，学習のねらいを示し，目標を明確化する教授方法
　⑤ 生徒の心情を揺さぶる教授方法
　⑥ 地域と密接に関係した教授方法
　以上の教授方法が求められ，アクティブ・ラーニングで深める具体的な方略が示唆された。

3 技術科教育における「自己評価能力」

　技術科教育を推し進める場合，実際の技術的問題解決における技術的能力とともに，技術的な知識・技能を上位からコントロールする能力，即ち自分の行為の仕方，操作の選択とその評価を監視（モニタ）するメタ認知の能力が存在する。知識的側面と制御的側面が相互に影響し合い，課題が解決されるまで往還が続く。このことから，技術的問題解決場面において技術的能力だけでなく，それらのコンポーネントをモニタしコントロールしている「自己評価能力」の存在が非常に重要なことが明らかになった。先行研究の因子分析的手法で技術科教育における「自己評価能力」を求めた結果，「自己モニタ」「評価基準設定」「目標志向性」の内容（城・

安東：自己評価能力の構造とその発達，日本産業技術教育学会誌 Vol.34 No.1, 1992) が解釈された。「自己モニタ」とは計画を立てたり離れた位置から自己を眺めたりする心理的傾向であって，「評価基準設定」とは学習過程でいつどのような基準で評価すればよいかを示す明確な意識の存在で，「目標志向性」とは効力感や自己肯定感を基にした課題解決の見通しと自信をもった学習意欲の内容と確認された。これらが，技術科教育の教授過程における認知的モニタリングの内実を反映するものと考えられる。

　その結果，自己評価能力は，中学生の頃から20歳頃まで自我意識の成長にともなって獲得されるが，決して飛躍的に獲得されるものではなく，心の葛藤や実際の日常生活場面での具体的な学習を通して備わっている。したがって，中学生の時期に技術的な問題解決活動を通して，自己評価能力を形成することは非常に重要であると明らかになった。

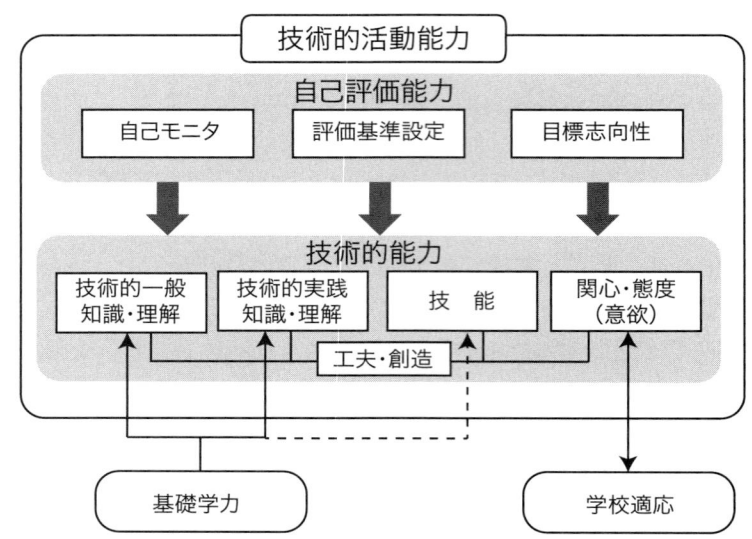

図1　自己評価能力と技術的能力の関係

4 技術科教育におけるアクティブ・ラーニングの位置づけ

　技術科教育で育成する能力は，「技術的能力」とそれらを監視し相互に調整する「自己評価能力」(安東・城：技術的能力に関する研究－授業過程における自己評価能力の変化－，日本産業技術教育学会誌 Vol.36 No.3, 1994) である。二つの能力は，別々に獲得されるものではなく，技術的問題解決場面で相互に影響し合い統合して獲得される「技術的活動能力」の存在である。

　本書では，技術的活動能力を「アクティブ・ラーニング」の第一義の意味として，技術科教育の求める能力構築と位置づける。第一義の意味のアクティブ・ラーニングとは，「技術科教育の問題解決場面において，自己評価能力の調整を絶えず受けながら次第に備わる技術的能力で，それらが統合されて備わる能力をはぐくむための学習活動」で能力構築の活動を意味する。

　一方，「アクティブ・ラーニング」の第二義の意味は，汎用的に用いられている学習方法を意味し，技術科教育で日々行う指導方略と位置づける。第二義の現実的な意味のアクティブ・ラーニングとは，「技術科教育の問題解決場面において，技術を適切に評価し活用する能力と

態度を養うために生徒自ら主体的・協働的に学ぶ学習活動」であって、日常的な授業で存在する学習方法を意味する。

アクティブ・ラーニングで求める能力と同じ意味を持つ技術的活動能力をはぐくむために、課題解決場面における技術的活動モデルを構築した。その技術的活動は、①動機づけを伴って目標を設定する場面、②構想図や製作図を描いて設計する場面、③製作する場面　に分けられ、各場面の前後、またその過程で繰り返し調整と統制を行う。ここでいう調整と統制は、自己評価のことを意味し、先行研究から繰り返し評価活動を実施すると他者評価や教師評価とのズレが縮まり、より客観的な自己評価能力が備わって、確かな技術的能力の獲得に良い影響を及ぼすことが明らかになった。したがって、技術的能力と自己評価能力の二つの能力を統合して獲得される技術的活動能力が備わり、アクティブ・ラーニングによって技術科の学習を深めるために大変有効であることが分かった。

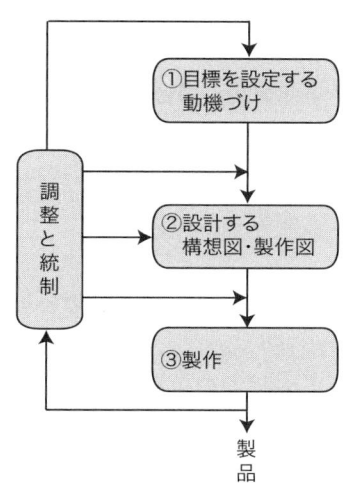

図2　技術的活動モデル

本書では、この能力構築を第一義のアクティブ・ラーニングととらえ、実際の授業における指導上の学習方法で求める主体的・協働的な学習活動を第二義のアクティブ・ラーニングと位置付け、第一義と第二義の両面からのアプローチとして技術科教育のあり方について示す。

5 アクティブ・ラーニングで深める授業

アクティブ・ラーニングを含んだ授業とは、「自ら考え、論理的に表現し、課題解決に向けて、他者と協議しながら行う主体的な学びを中心とする授業」とまとめられている。技術科教育ではこれまでの教科存在からも馴染み深い学習方法であって、以下のような活動を意識してアクティブ・ラーニングで深める実践につなぐことができる。

・言語活動（言葉や図による表現、グループでの話し合いや学び合い　等）
・問題解決（体験的な学習、批判的な思考力、自己評価　等）
・自己肯定感（成功体験、失敗のフォロー、適切な補助　等）

アクティブ・ラーニングで深める上で技術科教育に関連するキーワードとして、「主体的な態度、言語活用、話し合い、集団行動、協調学習、体験活動、実践活動、創造的思考、課題追求活動、習得・活用、探究、情報活用、反転授業、クロスカリキュラム、プレゼンテーション、レポート」等が挙げられる。これらのキーワードの上に、生徒一人ひとりの深い思考や自己省察及び生き方まで関連しながら推し進める学習活動が大切である。

アクティブ・ラーニングの質を高めるために、授業では、以下の活動が求められる。

・書く・話すというアウトプットの活動（コメント用紙、レポート、ディスカッション、討論、プレゼンテーション）
・さまざまな他者（生徒同士、教員、専門家、地域住民など）の視点を取り入れ、自己の理解

を相対化させる
- 宿題・課題を課す（授業外学習）
- 新たな知識・情報・体験へアクセスさせる（調べ学習，体験学習）
- リフレクション（形成的評価・総括的評価）
- 多重評価（小テスト，発表，質問，プレゼンテーション，学生同士のピア評価など）

以上の活動が質を高める（溝上：アクティブ・ラーニングとは，河合塾ガイドライン，教育改革ing 概説，2010.11）と述べられ，これらを取り入れたアクティブ・ラーニングで深める授業を推し進めることが大切である。

（1）技術科教育に求められる教育内容

現在の教育課程に求められる学力観は，知識重視から内発的学習意欲，思考力，判断力，そして表現力の重視へと転換が図られた。これからの学校では，さまざまな制約条件を考慮して意志決定をしたり，計画を立てたりすることができる人間を育てる必要がある。そして，主観的な体験や感情，人と人との社会的な交渉をより重視することが求められている。技術科教育においては，実践的・体験的な学習活動のアクティブ・ラーニングを通して，生徒同士が協力し合ったり意見を交わしたりする過程で，求められる学力観の育成に努める必要がある。

技術科教育は，生活様式や時代の変化に敏感に対応する教科として，教育内容を柔軟に構える必要がある。そのため，日々の教育活動は，中学生の心身の発達に応じて，創造的，実践的に活動できるよう，生活に必要な知識・技能を習得させることを目指してきた。その過程において，課題解決力や創造力を育てるという教科本来のアイデンティティーを備えていることは，これまで一貫したものである。技術科教育は実践的・体験的な活動を通して，課題解決力や創造力を育成する学習展開で，生徒に学び方を身に付けさせ，自己教育力が高まる指導をした。自己教育力（self educability）とは，主体的に学ぶ意志，態度，能力などで，これらの能力等は第一義の，学習活動等は第二義のアクティブ・ラーニングをさし，育成するには「学習への意欲」，「学習の仕方の習得」及び「生き方の問題との関わり」が主な要因として考えられる。

まず，「学習への意欲」に関しては，動機づけによる興味・関心を高め，教材・教具や題材など実物や本物を生徒の能力・適性に合わせて提示し，体験的学習を通して学ぶことの楽しさや達成の喜びを体得させることが求められる。技術科教育では，従来から実施しているプロジェクト学習で取り扱うことができると考えられる。

次に「学習の仕方の習得」は，これからの社会の変化に対して，何を学ぶべきか，そして学習の仕方はどうあるべきかを能力として学び方を身に付けさせることにある。技術科教育の基礎的・基本的な知識・技能を確実に理解させ，問題解決的な方法で展開する必要がある。

そして「生き方の問題との関わり」では，これからの変化の激しい社会における個々人の生き方が問題となっている。技術科教授過程における，工夫したり創造したりする活動を体験的に学ばせ，生徒自身の中に備わる意志形成が求められている，この意志形成まで含めた学習活動がアクティブ・ラーニングで深める技術科教育の一端である。

（2）「学習への意欲」を高める

　人間は，社会的動物であると言われるように，他の人と比較したり外界からの刺激に反応したりして，仲間と共に意欲的，積極的に生きている。そして，自分に備わった内発的動機づけを諸活動の原動力として活用し，行動や実行によって問題解決を図っている。
　技術科教授過程において，生徒は内発的動機づけが備わると能動的態度で活発に表現し各自の個性を発揮する。そして，製作活動における技能や創意工夫する力となって，生徒同士互いに影響を及ぼし合う。活動のエネルギー源である動機づけが，学習展開の最初に高められるとそれが意欲の強さとなり，教授過程における問題解決の持続力として，大きな力を発揮するものである。各生徒の有能感，達成感，成功感などが期待できる結果や目標を設定することが，動機づけを高める指導になると考えられる。
　技術科教育では，外界から意欲を高めたり興味や関心を持たせたりする刺激を与える指導，即ち動機づけの指導を行い，各学習内容の指導目標を達成させるための手段や方法として考える。そして，人間の内面に備えている"ものを作る喜び"を喚起して，学びへの意欲的，積極的な心の構えを育成する。従来から，技術科教育の教授過程を，オリエンテーションから理論学習，設計，製作，まとめ，評価，活用の順に展開してきた。時には，生徒の関心や意欲を高める動機づけの授業即ち「プリ・スタディ」を理論学習の前に位置づける。学習内容の最初の目標を設定する段階でプリ・スタディを取り入れて学習を展開する。これは，目標を達成するために「学び方」や「動機づけ」を事前に指導する学習を意味する。意欲的な活動を組織するには，動機づけの学習が重要であり，ここに活動の存在意義が含まれ，動機が影響して次の行為が決定され良好に連鎖していく。動機の達成度は，目標の達成度に関連すると考えられる。

（3）「学習の仕方を習得」する

　技術科教育を何のために学ぶのか，どんな内容を学ぶのか，そしてどのように学習すればよいかなどの意義を知り，学習の仕方を身に付けることは特に大切である。体験的な学習や実験を含む学習を展開する技術科教育において，各生徒が学習の内容や方法，及び順序などを理解しておくことは，自主的な活動や発展的な活動に対して見通しや状況認知ができプラスの傾向が期待できる。授業の初めのガイダンスや日々の授業で，学習の仕方を徹底して教え込み，各生徒の創造力の豊かさや可能性を開かせるための基礎作りを行うことは意義がある。
学習の仕方を習得させる方法として，具体的な例を以下に示す。
　①技術科の学習で学ぶこと
　　・「学習のねらいを知ろう」
　　・「こんな内容を学習するのだよ。さあ，何を作ろうか考えよう」
　　・「喜びのある学習にするために注意することを確かめよう」
　②学習の進め方
　　・「学習は一歩ずつのステップで進もう」

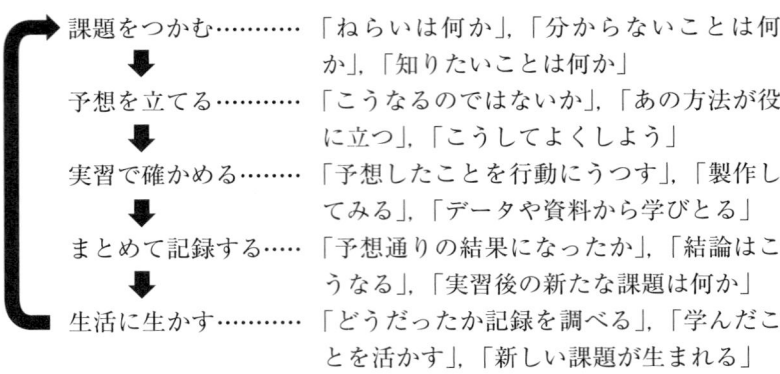

図3　学習の進め方

- 「学習の流れを知ろう」
- 「学習の流れを分かりやすい図にまとめよう」
- 「実験や実習で原理を理解しよう」
- 「ノートはこうまとめよう」
- 「誰が見ても分かるレポートをまとめよう」

など一つ一つ丁寧に，そして徹底して教え込むことが求められる。

　技術科教育の課題解決学習は，問題解決学習と系統学習のそれぞれの一面の真理を具体的に統一し，一つに溶け合わせる教育方法的立場から提起された学習形態である。それは「事態がもつ客観的な仕組みを，その中身に即して主体的につきつめることを通じて，そのよい在り方を洞察したり，処理技術を身につけたり，その本質を個性的に表現したりする学習」と位置付けられる。しかし，基本的なねらいや形態において，問題解決学習や発見学習と共通する部分が多く，厳密な使い分けがなされていない。もともとデューイの反省的思考の過程を，実際的な問題解決のための教授過程に置き換えたものである。その五段階の反省的思考が簡略化され，現在では「Ⅰ．問題（＝課題）の把握，Ⅱ．仮説の設定，Ⅲ．その検証」として，教授過程をとらえている。

　以上から，技術科教育の課題解決学習を具体化すると，大きく2つに分かれる。題材の設計段階で，生徒自らいろいろ解決したい課題を設定し，実践的な製作活動の過程で課題の解決を図る。そして実際の活用段階で評価検証し，課題解決の状況を判断する，というこれらひとつながりの学習を意味する。一方，1時間の授業や数分間ですぐ解決できる課題解決の状況のように，短いスパンでの課題解決学習も存在する。いずれにしても，いかに生徒の主体的・協働的な学習活動即ちアクティブ・ラーニングを生み出すかがポイントである。

（4）「生き方の問題との関わり」を学ぶ

　技術科教育を通して「つけたい力」は，①生活や技術について関心をもち進んで実践する態度，②課題の解決を目指して工夫し創造する能力，③生活に必要な基礎的な知識と技能の習得，そして④家庭生活や社会生活と技術との関わりについての理解，としてまとめられる。

①では，計画，実践，反省・評価という一連の問題解決的な学習活動を取り入れた実践的・体験的学習を通して，学び方を習得させ学習活動に取り組む意欲や態度を育てる。②では，習得した知識や技能を積極的に活用し，生活を充実向上するために工夫したり創造したりできる能力を育成する。③では，生活の充実向上や自己実現に役立つ学習を目指すための知識と技能を習得させる。そして④では，地球的規模での環境問題の解決のために身近な生活を見直す視点と，生活と技術との関わりについて一層の理解を深めさせる。まとめると，生徒の主体的・協働的な学習活動のアクティブ・ラーニングを通して，生活に必要な知識と技能を習得させ，進んで工夫したり創造したりする能力を育成することを目指すとともに，生徒に確実に身に付けさせることが大切である。

　生徒の生き方の問題として技術科教育を考えた場合，つくる喜びや便利さの喜び，そして豊かさの喜びが含まれている。この喜びを，作品として形に残る具体物で見ることはできるが，実は無形の存在で培われているものだと考えられる。加工したり調理したりする運動技能，並びに自由に選んだり便利なことを考えたりする知的技能は，全て一人ひとりの人間の自己調整力や自己モニタ力によって操作されている。この自己調整力や自己モニタ力は，技術科教育の「つけたい力」になると考えられる。この「つけたい力」を主体的・協働的に学ぶ意志や態度，及び能力としてのアクティブ・ラーニングは，一種の自己教育力と考えられる。生徒の生き方の問題として，以下の指導上の視点が考えられる。

・作りたいや考えたいなど興味・関心の高い内容で意識づける。
・課題の作り方や構成を理解させる。
・個々の生徒の目的（課題）を明確にする。
・場面設定を確立する。（設備・環境，余裕のある時間設定，いろいろな材料の準備，自由度の大きい内容，適度の刺激や困難性，深く考える部分，個性に対応　など）
・評価を明快に示す。（自己モニタできる部分，過程の大切さ，評価基準の明確化，次の課題を設定　など）

　第3章では，第一義及び第二義のアクティブ・ラーニングで深める技術科教育について，現在求められている学習内容の具現化を行う。

　技術科教育の授業は，伝統的にプロジェクト学習を取り入れたアクティブ・ラーニングを実践している。本書では，それを基にアクティブ・ラーニングで深める技術科教育を追究する。技術科教育は，単なるものづくりの教科とか作品完成主義の教科と呼ばれ，国語や数学のような教科と比較して教科価値が軽い存在のように言われる。しかし，これからの技術科教育は，人間形成上，技術を評価して活用する確かな技術的活動能力をはぐくむ重要な意義を持った教科として，深い思考をともなったアクティブ・ラーニングを実現することが大切である。

第2章 自己肯定感が備わる技術科教育

最近の調査等で，日本の子どもは諸外国に比べて「自信を持って肯定的に回答することが低い」と言われ，自己肯定感を意識し自覚させる指導が求められている。先行研究では，自己肯定感を「自分を受容し前向きに評価し得る感情」と捉え，自己肯定感を高める授業では，「課題解決のための教師の具体的コメント」，「生徒の相互交渉の場」，そして「学習の個別化」が大切（長谷川・松永・懸川：生徒一人一人の自己肯定感を支える中学校家庭科の授業づくりの検討，群馬大学教育実践研究 Vol.29，2012）と報告されている。また，中学生の自己肯定感とは，「自分自身のあり方を肯定する気持ちであり，自分のことを好きである気持ち」として，教師の関わりにおいて過去のポジティブな関わりと教師への信頼感が作用する（本田・荒嶽・藤林・一期崎：中学生の自己肯定感と教師への信頼感及び関わり経験との関連，熊本大学教育学部紀要自然科学 Vol.62，2012）と明らかにしている。これらのことから，生徒の自己肯定感を高めることは技術科教育の授業を通して実現できるものと考えられる。

　技術科教育では，技術を適切に評価し活用する能力と態度を育てるために，実践的・体験的な学習活動（アクティブ・ラーニング）を通して学ぶ方法にその意義が認められる。一般に，生徒は技術科のものづくり学習に積極的な態度で参加し，学ぶ意欲を表出して取組み，授業後は大きな達成感や成就感を持つ姿が見られる。その過程で，学ぶことに生徒自身の存在感があり，喜びや充実感を味わっている。これらが，技術科教育を通してはぐくんでいる「自己肯定感」である。製作時の姿として，ものづくりが好きな生徒は自主的で能動的にやり遂げ，一方，ものづくりが嫌いとか下手な生徒も同様に頑張っている姿が認められ，生徒の内面にある情意的な満足感をはぐくんでいる。

　技術科教育で，設計や製作の学習に臨んでいる生徒の姿は，学力差や学習意欲の差違に関係なく，どの生徒もアクティブ・ラーニングを通して活性化した状況が見られる。その過程で生徒は，自分の存在価値が自覚でき，「自分は価値がある」，「自分に良いところがある」，「自分が認められている」，「自分が役に立っている」，「自分に存在価値がある」，「自分自身が好きだ」と，生徒自身が肯定的にふり返る自己肯定感をはぐくんでいる。技術科教育のものづくりなどの実践的・体験的学習は，教科独特の指導法や興味を抱く教材・教具などが整えられ，生徒の居場所が存在する授業であり，自己肯定感をはぐくむ教科として位置づけられる。

1 主体的・協働的学習活動をはぐくむ背景

　生徒の主体的・協働的な学習活動が存在するアクティブ・ラーニングの授業展開について考える。「生徒の主体的で能動的に取り組む態度をはぐくむ」とは，態度化を形成する学習意欲や好奇心などが原動力で，学ぶことの楽しさが基盤になり，「楽しい学び」が存在していることである。

　「楽しい学び」とは，
① 学んだことが有用で，それもすぐ役立つこと
② 学んでいる内容がよく分かることで，それが楽しいこと
③ 自分の分かっていることを誰かに話したいとか伝えたいと願うこと

である。①の目標に有用性や即時性があるから意欲ややる気がでて主体的・協働的な態度がは

ぐくまれるのであって，役に立たない学びをしてもやる気も主体性も育たない。②の一人ひとりの生徒は学びがよく分かることで，分かったことに意味や価値のあることを知らせる必要がある。そして，③で生徒は，分かっていることを誰かに知らせたり伝えたりすることで自分の存在感が自覚でき，自己肯定感が高まる。

　人間は，本来，知らせたり伝えたりしたいという欲求を備えている。この場合，学習する場が，共感や信頼を備えた集団になっていることが大きなファクターとして考えられる。生徒個々が伝えたい要求を受け入れる集団として，教師と生徒の間に共感と信頼のある人間関係が求められる。加えて，主体的・協働的な学習態度，即ち「アクティブ・ラーニングを深める」とは，人間関係を基に協働的な楽しい学びを構築し，基礎的な知識・技能を認知してその上に深い思考を伴って活き活きと学ぶ活動が生まれると考えられる。深く学ぶアクティブ・ラーニングを実現するために，その学習環境の要素として，共感と信頼のある人間関係の必要性（安東：教授過程における技術的能力を高める教材，風間書房，2006）についてまとめる。

（1） 共感と信頼の必要性

　共感とは「人の考えや主張に，自分もまったく同じように感ずること」とあり，信頼とは「信じてたよること」（岩波書店：広辞苑）と示されている。どちらも"人間相互の関係"を意味するものである。

　共感（Sympathy）という言葉は感情移入と訳されてきたが，ロジャーズがカウンセリングの必要条件の一つとして共感的理解として取り上げている。対人関係において，言葉や表情，態度などを媒介として，相手の感じ方，気持ちを相手の身になって感じとることをいう。即ち，人間関係における共有性を意味し，認知的内容と情意的内容を含んでいる。

　信頼（Trust）とは，共感の上に立ち共感の要素に包含されるもので，人間関係における同一性を意味する。教師と生徒の関係において，教師が生徒個々の欲求をできるだけ満たすとともに，また生徒の生きてきた経験や体験を通してこれは信じても大丈夫

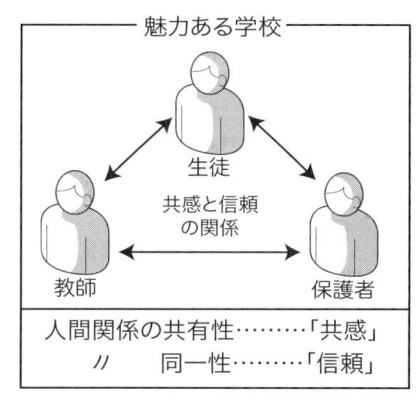

図1　共感と信頼のある関係

だという個人的な観念を確立させることである。こうして生徒に信頼の念を起こさせることが，生徒に同一性の観念を与える基礎になる。

　以上から，中学生の時期に共感を育て信頼のある教育を推し進めることは，学校という集団の中で生徒を育てる場合，その意義が認められる。例えば，日々の授業や諸活動の中で，教師と生徒，教師間や生徒間の人間関係及び保護者との関係に共感や信頼が存在すれば，アクティブ・ラーニングで深く学ぶ学習環境が整い，生徒の自己肯定感がはぐくまれることになる。

(2) 学校現場に求められる人間関係

現在，教育現場で生じている課題や問題について，特に「教師」と「生徒」の関係に絞って，二つ挙げてみよう。

問題点１として，『教師と生徒は，綿密に練られた授業や学校生活において，その間に存在する課題（宿題や提出物，規則や約束事）にばかりに目を奪われ，真の触れ合いを忘れている。』が挙げられる。その問題点とは，教師は生徒の学力を向上させることや学校生活を円滑に送れるように，きめ細かく教育課程を組織して，多様な指導方法や詳細なきまりを考え，その推進に力を注ぎ込み過分の注意を払っていないか。また，まとまった学級や評価の高い学校作りができるように，宿題や約束事を定め，その点検ばかりに目を光らせている傾向にあって，生徒とまなざしを共有して一緒になって向かい合って取り組んでいるだろうか。

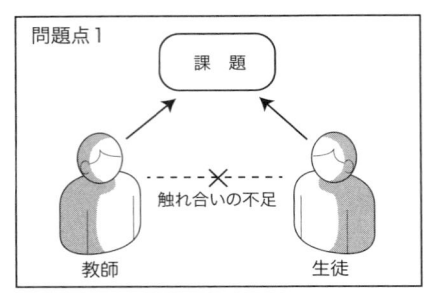

図２　問題点１の関係

一方，生徒はその課題や注意にばかりに気を奪われ，本当の教師の考えや願いを理解できないでいるのではないだろうか。

そこで，教師に求められるものは，「生徒の心情と動作を見る教育」，「教師自身の喜びや悲しみを生徒に知らせる教育」，「生徒と共に感じる教育」である。これは，教師と生徒が「向き合う教育」であり，そこでは『共感』が求められている。

問題点２として，『教育が系統化，細分化，及び緻密化され，教育課程のプロセスより結果ばかりに気を奪われるため，教師は生徒に何度も細かい注意をし過ぎる傾向にある。』が指摘されている。その問題点とは，学校では年間の教育課程が整えられ，教科指導がプログラム化され，求める学校生活に成果重視と効率化を優先にした考え方が中心になっていないか。また，一人一人の生き方について細かく指導するため，どの生徒も指示を受けて動く傾向が現れ，生徒自身でどれだけ自主的に動いているのだろうか。

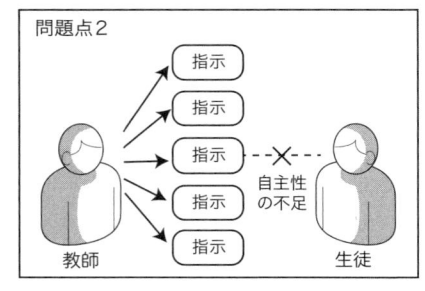

図３　問題点２の関係

そのため，自ら求める意欲や直接体験が不足し，間接的な体験が増え，たくましさとか生きる力の弱体化が見られるのではないか。生徒個々の備えている能力を信じ，展望を持ってゆとりある指導が必要ではないだろうか。

そこで，教師に求められる教育は，「生徒の自己調整力を信じ，自由な発想や取り組みを優先させる教育」，「生徒の成長を信じ，長い期間で結果を求める，将来を見すえた教育」である。これは教師が生徒を「見守る教育」で，そこでは『信頼』が求められている。

生徒にとって求める教師とは，単に優しいとか親切であるとかでなく，授業において分かりやすく教える指導力を備えていることであり，その根底に全面的な『共感と信頼の存在する人間関係』が築かれていることといえる。生徒と教師にとって，『共感』と『信頼』が存在する環境とは，人間関係の上に，①学校生活の内容に興味・関心がもてること　②直接体験の場が設定されていること　③確かな学力を備えること　④地域に密接に結びつき，開かれた学校であること　⑤豊かな環境が整っていること　などが考えられ，このような要素を含むことが，今の学校に求められる教育内容と思われる。

2 技術科教育における自己肯定感と自己モニタ力

　中央教育審議会答申「次代を担う自立した青少年の育成に向けて」（2007年1月）の，第1章「今なぜ，青少年の意欲を高め，心と体の相伴った成長を促す必要があるのか」の1．意欲を持てない青少年の増加への懸念　として，青少年の自己肯定感の低さや，「大人になりたくない」という現状への安住志向，慢性的な疲労感やあきらめ，集中力や耐性の欠如が見られると論述し，それ以降の審議会答申等で「自己肯定感をはぐくむ必要性」について繰り返し指摘されている。

　技術科教育で求める実践的・体験的な学習活動や問題解決的な学習などは，生徒の欲求や願いに対して，その成功感を学びに取り入れる展開が実施されている。ものづくりを通して，各生徒の製作願望と作品完成時や技術的課題解決時の達成感や成功観が，生徒の自分を大切にする自己肯定感をはぐくんでいる。技術科教育のものづくり学習場面では，成績の下位生徒も上位生徒も関係なく，活き活きと主体的・協働的に学習する姿が見られる。そのことは，技術科教育を通して，学力の低位の生徒や日頃目立たない生徒が，自分自身を肯定的に捉え自分という存在感を意識することができる場面である。このように自己肯定感は，個人の自己価値についての認知でありその認知は自己評価として社会的な人間関係の中で形成され，自己価値の認知として自己評価との関係において，技術科の学習内容と関連づけて考えることが重要である。

　「自己肯定感」とは，自己概念の下位に存在する概念で，具体的には，生徒が自分自身の価値や存在を理解したり気づいたりすることである。たとえばものづくりやコンピュータなどの実践的・体験的な学習活動を通して，生徒自身の学びの成就感や存在感などを養いながら，生徒が活き活きと学ぶ原動力のようなものである。

　自己肯定感は，生徒自身が自分の能力，性格，特徴などをどのように捉え客観的に認知しいかに自覚しているかの幅広い自己概念である。この捉えや認知及び自覚の概念は，できない，苦手といったネガティブなものでも，主体的な自己省察が含まれれば，自己肯定感と位置付けられる。第1章で述べた自己評価能力の「自己モニタ」と「目標志向性」が含まれ，自分を客観的に観て意欲的な省察を「自己モニタ力」と位置付け，「技術科教育で求める主たる資質・能力で，自分をモニタしコントロールする認知技能と考えられ，行為の計画や実行過程における点検チェックする自己評価能力」と考えた。理解したり判断したりすることや加工したり修理したりすることにおいて，すべて，人間の調整過程で知識・技能を上位からコントロールす

る能力で，行為のしかた，操作方法，道具や機械の選択など自分の行動を監視する能力であり，メタ認知の能力とも考えられ，絶えず行動を操作して確かめている力である。これは，第1章で述べた第一義のアクティブ・ラーニングの意味に通じる。

この「自己モニタ力」は，バランスの良い人間形成に求められる重要な資質・能力であり，「知識の量がいっぱいあってもその使い方が分からない」，「指示されないと行動できない」，「頭は優れているけれど考え方が偏っている」など，これまで問題とされていた箇所を補完する能力である。要約すると，ものづくりなどの実践的・体験的な学習活動を通して，自分がどの程度できるかできないかなど幅広い視野で自分自身を客観的に理解していることであり，またそれを省察し認めていることで非常に大切な能力である。

3 技術科教育における自己肯定感と評価

自分の存在や価値を自分で意識できるのは，有意義で嬉しいことである。英語や数学の授業では，学習内容が理解できず伏し目がちでただ座っている生徒が，技術科教育のものづくりやコンピュータの操作等の授業では，目を輝かせて積極的に取り組んでいる姿が見られる。その姿は，自分という存在感があり，学ぶことの充実感を味わい，自己肯定感を備えている状態である。自己肯定感は，自己への振り返りであって，自分をより高め，より伸ばしたいと願う自己評価力の一側面である。特に，技術科教育でのものづくりや実験・実習では，その意識や評価力が発揮されやすい場面にある。

評価とは，一人一人の生徒が備えている資質・能力の状況を分析したり判断したりすることを意味する。人間が，成長する過程で自分を正しく見つめ，他から評価される能力は自分自身の重要な情報収集であり，求める生き方に向けて絶えず微調整や軌道修正して生きるための知恵として備わる。そのため，自己肯定感と同様で，本来の自分やその段階での自分の状態が正しく理解でき，評価されそれを受けとめることは生きていく上で大変意義のあることと言える。評価を生徒に返すことによって，生徒は自分の状況を客観的に把握し，生き方に適切な修正や改善を加えながら成長し，人間として発達する上で意義が認められる。決して，人間同士の比較や序列を知らせるために評価を返しているのではない。その意味からも，自分を正しく見つめる目の自己評価力が備われば，自己肯定感が育つものと推察される。

評価を返すことで生徒は，重要な情報を得るとともに生き方を深く考察することができる。それをまとめると以下のようになる。

① 自分自身の貴重な情報が得られる
② 現在の学習の進展に対する達成度が明らかになる
③ これまでの成果と今後の課題が分かる
④ 客観視できる自分が育成される
⑤ 新たな自分の考え方や行動が示される

これらのことから，自分自身を客観的に見つめることができる自己モニタ力が備わり，自分の価値を見出すことができると考えられる。そして，自分自身を見つめモニタすることは自分の行動を操作し調整してバランスのよい生き方に発展し，自己肯定感が育っていくものである。

評価活動を流れから考えると，Plan（計画），Do（実施）そしてSee（評価）と展開する。このSeeの部分を明確にそして詳細にするために，計画・実施の後，これまでの学習をCheck（確認）し，Action（更新）を起こし，そしてShow（公開）として展開することが考えられる。ここで言うCheckは上記の①と②であり，Action は③と④で，Show は⑤に対応する。この評価活動を生かした授業の展開を通して，スパイラルに推移し発展していくことが，生徒の成長・発達即ち自己肯定感の育成に結びつくものと考えられる。

4 人間の成長から自己肯定感をはぐくむこと

　人間は，幼い頃から学習や訓練を通して成長し，徐々に人格が形成され，その過程で自己肯定感をはぐくみ備えている。人間は，2歳過ぎから自己に関する出来事と他者に関する出来事を明確に区別できはじめる。その時点で，自分の存在を自覚し，他者の姿や考え方と比較して模倣などを繰り返す。この場合，模倣できないことや達成しないことで自分自身に拒否反応や苦痛などを感じるようになる。自分にできることとできないことが少しずつ自覚できるようになり，できることは嬉しく励みになり能動的になり，できないとか成就しないと恥ずかしいや悔しいという気持ちが生まれる。このような成長プロセスで，自分自身を独自の存在と位置づけ，それを価値あるものと思う心情，即ち自己肯定感が現れる。したがって，人間は幼い時から大切にされ，活動に成就感をもち，成功経験やほめられることが要因となって自尊心や自己肯定感を強めていると推察される。技術科教育においても，これらのことを授業展開で取り入れる必要がある。

　しかし，昨今の子どもの生活環境に危惧を感じることがある。何事も自由を気風とした社会で育った大人が，自覚が欠如した状態で親になってしまったとき，その親は，自分の趣味や娯楽など人生の楽しみや嗜好を優先し，子どもの面倒を見なかったり自分の都合で世話をしなかったりが当然のようになってしまう。そのような家庭で育った子どもは，自分の存在感が持てず，「自分など，この世に生まれてこなければよかった」など自己否定的になってしまう。我々，大人の責任として，子どもの存在に愛情を持って接し，一人ひとり，人間としての価値や値打ちを認め，大切にする社会を築く必要がある。そのため，子どもが小さい頃から，自己肯定感即ち「自分自身を価値あるものと思う感覚」をはぐくむ社会を構築する必要がある。本書でいうアクティブ・ラーニングで深める技術科教育において，生徒に他者と自分との関係から自己肯定感をはぐくみ，自分はこの世に一人しかいない掛け替えのない存在で価値ある人間と理解させるため，繰り返し自己モニタ力を発揮させ技術的活動能力をはぐくむ指導が求められる。

5 技術科教育に位置づけられる自己肯定感

　技術科教育の授業は，題材を中心に設計や製作を通して学習目標を達成するプロジェクト法（実際の作業を中心として，生徒が自ら計画や構想し，問題解決する実践的な活動を重視する経験的な学習）即ちアクティブ・ラーニングを通して展開している。授業展開を考える場合，体系的な単元構成が求められ，生徒にどのような資質・能力を獲得させればよいか，教科独自の学力論をもって展開することが重要である。具体的には，学問の系統性に添って，どの段階

で「何のために，何を」教えるかを明確にして，指導事項として「何を，どこまで」教えるかを分析し，授業では「誰に，どのように」教えるかなど，目標分析を行うことが大切である。それが，学びの確かな見とどけであり，よりよい授業方法へと改善を目指すことにつながると考えられる。

アクティブ・ラーニングで深める技術科教育では，生徒の生き方との関わりとして，つくることの喜びや便利さへの喜び，そして豊かさへの喜び等が教育課程として含まれる。この喜びは，有形の具体物として構造物などがあるが，人間にとって無形の存在で引き継がれ培われているものと考えられる。例えばものづくりにおいて，加工したり修理したりする運動技能や，自由に素材を選んだり便利なことを考えたりする知的技能は，すべて一人一人の人間の自己調整力や自己モニタ力（自分の知識・技術を上位からコントロールする能力，即ち自分の行為のしかた，操作の選択などとその評価を監視する能力＝メタ認知の能力）によって操作されている。この自己調整としての自己モニタ力が，技術科教育ではぐくまれている能力と考えられる。

これまでは，授業を通してこれらの求める能力を育成するために，技術科の教師は，実践的・体験的な学習活動によって，製作品を完成させることに焦点を絞ってきた。そのため，よい製作品を完成させた生徒の評価を高くつけてきた。今，求められている評価は，単なる結果としての製作品の出来栄えに関わらず，どのように考え，いくつの手法を取り入れ，創意工夫をどのように発揮したか，そして各生徒が学習初めよりどれだけ伸びたかその変容を示すものでなくてはならない。したがって，いろいろなパターンを駆使するスキルが多いほど，そして問題を解決する経験が多いほど価値があるのではないかと考える。言い換えれば，これからの教育に求められる能力，求められる評価，及び求められる指導法は，ものづくりの結果としての製作品だけではなく，その過程に備わる知識や技能の思考活動であり認知活動である。技術科教育は，その上に，自己評価能力とともに技術的能力が統合した技術的活動能力の形成が求められる内容を含んでいる。

まとめ

技術科教育の実践的・体験的な学習活動，即ちアクティブ・ラーニングを通して工夫・創造する能力や実践的な態度を育てる展開において，生徒は画一的に実施されるペーパーテスト等の順位と関係なく資質や能力をはぐくんでいることが明らかになった。一般に成績が下位と言われる生徒にとっても，ものづくりやコンピュータ操作などは，自分の活躍できる場と位置づけられ活き活きと学ぶ姿勢が見られた。

技術科の授業を通して，「自分ってこんなにものづくりができるのだ」，「自分ってこんなにコンピュータ操作が上手だ」，「自分の活動が認められ，みんなの役に立っているよ」，「ロールプレイを通して自分の存在価値が分かったよ」，「技術科の学習から自分がこんなに好きになったよ」と，多くの生徒が応えている。純粋な心の成長として，心の底から「自分ってこんなに素晴らしいのだ」と生徒自身の生き方として振り返ることのできるアクティブ・ラーニングで深める技術科教育は存在するものと思われる。

第3章
アクティブ・ラーニングで深める技術科教育の実践

第1節　ガイダンスに関する技術科教育

❶ 関心・意欲・態度を育むガイダンス教育
指導時数　5時間

◆ 題材設定の理由とねらい ◆

「技術ってどんな勉強をするの？」と中学に入学したばかりの生徒たちは思うことだろう。初めての教科に対する思いはそれぞれ違うが,「おもしろそうだな」,「わくわくするよ」というつぶやきを聞きたいものである。これまでに学んだことのない「技術」の学習の入口が,生徒にとって教科「技術・家庭科」とのよき出会いとなることを願う。

なぜガイダンスが必要であり,大切なのか。それは新しい学びへの招待をすることであり,三年間の学びの見通しを持たせることであるからと考える。ガイダンスが設定されていなかった頃の教科書では,学習の最後に「技術」についての記述がなされていた。「技術ってすごいな」と思わせる内容であったと記憶している。

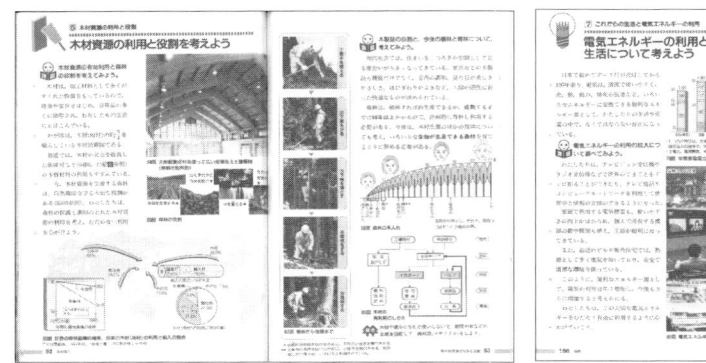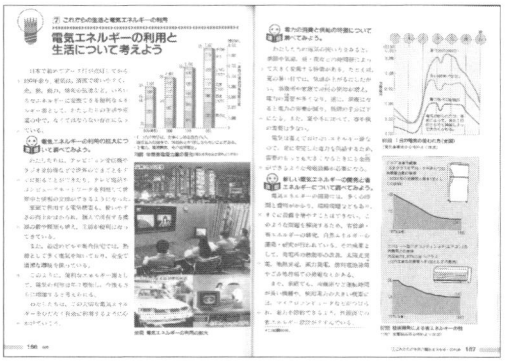

図1　平成8年開隆堂の教科書より

以前からこの内容が学習の最初にあるといいなと思い,技術の歴史と道具との関わりを題材に授業を行ってきた。「木に穴を開けるにはどんな手段を取りますか」ということを考えさせ,実際にきりで穴をあけたり,ハンドドリルや卓上ボール盤を使ったりと実際に作業することで,技術の素晴らしさに迫っていった。

その時の生徒の感想には,「穴をあけるということだけなのに,たくさんのことが必要になってくるので,発想力が大切なんだなと思った。電動ドリルだと簡単にあくので,時代が進んでいるな

図2　きりで穴を開ける体験　　図3　電動ドリルで穴を開ける体験

24　第3章　アクティブ・ラーニングで深める技術科教育の実践

と感じた。」「これからがすごく楽しみになりました。いろんな道具をもっと使ってみたいです。」「ドリルだけにしばられていると、考える範囲がせばまってしまうので、いろいろなことを考える教科だと思った。」等、感性豊かな多様な考えに触れることができた。技術という教科の面白さを伝えるとともに、教師自身の思いを語ることが大切ではないだろうか。

　その後、ガイダンスという形で教科の冒頭に位置づけられた。ガイダンスには、二つのねらいがあると考える。一つ目は「技術で何を学ぶのか」、二つ目は「技術を学んでどのような自分が三年後にいるのか」である。一つ目は「技術って何だろう」、「技術ってすごいな」、「こんな技術があったらいいな」と身の回りの技術を見つめることであり、「持続可能な社会をつくるにはどうしたらよいのか」、「技術の恩恵と技術による弊害のどちらを選択するの」などの技術を評価する視点をもつことである。二つ目は技術の学習でどのような力を身に付け、どんな自分になりたいのかを考えることである。技術で身に付ける力には、自ら課題を見付け、解決していこうとする態度、先の見通しをもてる「段取り力」等々いくつか考えられる。さらに、他の教科では味わえない体験的な学習を中心に学習するところから、様々な知識や技能を統合する力も身に付くのではないだろうか。

　そこで、技術の学習の特徴を十分に味わえる、ものづくりを中心に据えたガイダンスを実践していくことが大切であると考える。ガイダンスでは、実習を中心に据えることがよいが、わくわくしたり、驚いたり、疑問を持ったりできる実験や観察も効果的であると考える。一番大切なことは「技術っておもしろいな」、「技術の授業が楽しみだ」と思える出会いになることではないだろうか。ある意味、最も大切にしたい部分であり、教師が最も工夫しないとならないところだと思う。

図4　木からシャボン玉ができる実験

図5　丸太をなたやたがねで割る体験

◆ **題材の特色** ◆

　「技術はおもしろい」という思いをもたせるには、やはり技術科の最大の特徴である体験を中心に据えることだと考える。そこで、座学になりやすいガイダンスを敢えて体験から始めるという形をとることとした。つまり、生徒の思いを整理しながら、技術の学習の見通しや身に付けたい力、三年後の自分の姿を想像する学習内容になることが本題材の特色となる。これまでの生活の中で身に付けた知識や技能、小学校の学習の中での学びなどを総動員して体験に取り組み、「できなくてもまずやってみる」ことから生まれる様々な疑問や課題を整理することがこの題材の最も大事なところとなる。教師側も個々のレディネスをつかんだり、人間関係の把握ができたりと、貴重な情報収集の機会となる。

授業展開例

学習項目	学習内容・手順等	指導のポイント
技術を始めよう	●技術・家庭科という教科	★ヒノキの香る木工室で，五感に触れる出会いをさせる。
鉛筆立ての製作 （3時間）	●私たちの街を支える産業	★地元を支えている産業をビデオや写真で紹介する。
	●ミニ製作「鉛筆立ての製作」 ・けがき ・切断 ・部品加工 ・板材の接合 ・磨き仕上げ ・ＰＰ板の取り付け，仕上げ	★作品の完成形を示し，手順や製作の方法などの指示事項は必要最小限にする。 ★板材を配布し，けがきまでは，一斉に進める。その後は，友達と相談しながら工具の選択や作業手順位ついて考え，主体的に活動を進めさせる。 ★安全面には注意を与え，工具も自由に使用させる。
身近な技術 （1時間）	●鉛筆立ての製作の振り返り	★鉛筆立ての製作を振り返り，達成感や自己肯定感を確認し，今後のものづくりへの動機づけとする。
	●生活を支え，豊かにする技術を見つけよう	★生活や産業を豊かに広げているいくつかの技術に気づかせる。
	●技術と私たちの生活 ・「もしもの世界」を考えよう	★ミニ実験や話し合い活動を通して，技術への関心を高め，産業が発達する歴史を振り返る。
技術科の学び （1時間）	●資源の活用と環境の保全 ●持続可能な社会	★エネルギーと環境など，未来を展望しながら，今できることについて考えさせる。
	●3年間で学ぶ4つの柱	★3年間の学習計画を示し，学習の見通しを持たせる。
	●3年間の学習計画と自己目標	★ガイダンスを通して感じた教科観や3年後に期待する自分の姿などを記述させる。

授業内容

（１）技術を始めよう

　小学校を卒業し，初めて中学校の門をくぐった１年生は，初めての教科「技術・家庭」に対し，「何かものを作る教科らしい」「図工と同じかな」程度の感覚でいる。そんな生徒達との最初の出会いは木工室。２年生に進級した生徒達が，一年かけてヒノキの板からものづくりを行ってきた部屋である。木工室に入室するなり，何人もの生徒達が「わぁ，木のいいにおいがする」と声を上げる。入るとすぐに，ヒノキの丸太（図６）が目に入る。何人かは，ぽんぽんとその丸太に触って席についた。五感に働きかける感性豊かな学びの第一歩である。

　生徒達は，並べられている工具や機器，掲示物を興味深そうに眺めながら，緊張の面持ちで授業をスタートする。「ようこそ，木工室へ。さあ，技術・家庭科の学びを始めようね」。

図６　地元産のヒノキ材

　世界最古の木造建築群である法隆寺も，ヒノキを素材として扱っており，先人の知恵や技が今日の日本を築いてきたことに触れながら，樹齢５０年ほどの地元産のヒノキ材を紹介する。当時の大工の絵図にある「ちょうな」や「やりがんな」も使い，ヒノキ材の表面を少し削ってみる。（台がんなでもよい。）数人の生徒にやりがんなを使わせてみると，削る感触を楽しんでいる。柔らかいかんなくずを手にする生徒もいる。

　自分たちの住む街にも，こうした先人達の残した様々な技術が根付いており，生活の基盤である産業を支えている。地元産業の歴史は，風土や環境と共生してきた技術の歴史でもある。小学校でも総合的な学習の時間等を利用して「わが街」についての学びをしてきているが，写真や地元紹介ビデオなどを見せながら，自分たちの生活を支えている技術や産業の素晴らしさに気づかせていく。

図７　ガイダンス資料の一部

初めて木工室に入って（生徒の感想より）

　「すてきな部屋だなーと思った。すごく木の良いにおいがして，とてもよい気分になった。いろいろな道具があってワクワクしてきた。」「木の香りがすごくして，自然っぽくて落ち着く場所だと思った。いよいよ技術の授業が始まるんだなぁと思った。」

第１節　ガイダンスに関する技術科教育　　27

（2） 鉛筆立てを製作しよう

最初のミニ製作題材は「鉛筆立て」。短時間で簡単に製作ができ，板厚19mmのパイン系の板材を用いているため，割れなどの失敗も少ない。完成後，すぐに自宅で利用できるので，製作意欲も高まりやすいと考えた。最初の出会いの授業から，製作を始めることがポイントである。

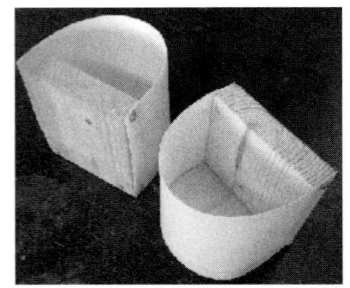

図8　鉛筆立て（生徒作品）

ものづくりを通して，「つくる」楽しさや本教科のこれからの学びに対する関心を高め，「技術の授業っておもしろい！」と感じさせることをねらっている。

小学校でのものづくりの中で，のこぎりでの木材の切断やげんのうによる釘打ちを経験してきている生徒は多い。工具の正しい使い方や手順などの説明は必要最小限におさえ，生徒が主体的に考え友達と相談しながら，製作に取り組もうとする姿を期待する。

はじめに作品例を示しながら，「これからの2時間で完成させよう。」と呼びかけ，板材を配布する。簡単な手順を説明して，けがきをさせ，さっそく作業開始。教師は，生徒との適度な距離を保ちながら，時折アドバイスをして生徒たちの作業を見守る。

①　材料の準備

・板材は，市販のSPF材（1×4）を使用する。長さ1820mmのものを11等分して1人分とする。丸鋸盤かマイターソーなどで切断をして準備をする。
・ポリプロピレンシート（以下，PP板）は，あらかじめカッターナイフ等で適当な大きさに切断をしておく。色の種類もあるので，生徒に選択させてもよい。
・釘は，生徒に選択させる機会を与えるために数種類を用意する。本来なら50mmほどの釘がよいが，釘が横から飛び出るなどの失敗が出やすいので，32mmや38mmなど，あえて短めの釘にする。板材の接合

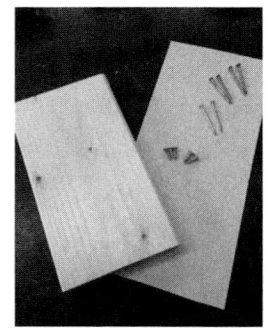

図9　鉛筆立ての材料

部は，PP板で押さえられるので，強度的には問題ない。接着剤と併用したり，接着剤のみでの接合を考えることも可能である。
・ネジは，PP板の取り付け用として4本使用する。できるだけ広い面積で押さえられるように，傘が広いものを使用するとよい。
・本題材は，（表1）のように，1人分が50円程度で準備ができる手軽さがある。

表1　材料表と費用

No	材　料	規　格	数　量	価　格
1	1×4 SPF材	160×89×19	1	約20円
2	PP（ポリプロピレン）板	228×100×0.75	1	約30円
3	釘	32mm（数種類）	2	若干
4	皿ネジ	10×3（#1）	4	若干

② 製作手順
(1) 板材を背板と底板の2枚に切断する。PP板の幅に合わせ，背板の高さは100mmにする。
(2) 底板の片側を半円状に削る。
(3) 底板と背板を釘や接着剤で接合する。
(4) 接合部や背板上部を紙やすりで磨き仕上げる。
(5) 皿ネジでPP板を留め，はみ出た部分を切断する。

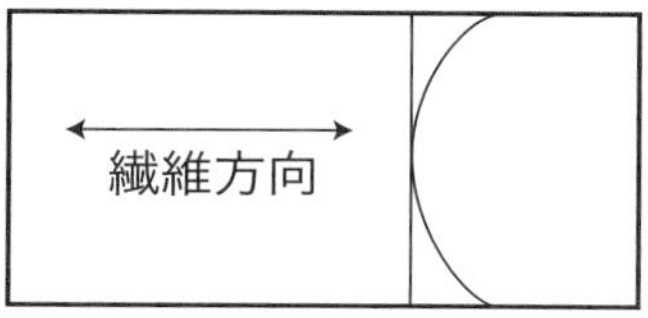

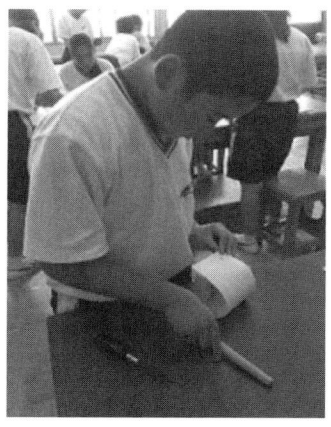

図10 材料取り

③ 生徒の活動の表れ
　活動の様子を観察すると，けがきからのこぎりによる切断までは，どの生徒も同じような動きが見られる。切断が終わり，底板の半円のけがきになると，コンパスを使う生徒，釘やネジを入れていたビンのふたを借りにきてそれを利用する生徒，フリーハンドで書き出す生徒，けがきをせずに角をのこぎりで切断する生徒など，様々な表れが出てきた。
　部品加工では，のこやすりや木工やすりで削っていた生徒の中から，「材料が動いてうまく削れない」ことを訴える生徒が出てくる。万力やクランプでの固定をアドバイスすると，その生徒を真似てほとんどの生徒が材料の固定を始めた。
　板材の接合に関しては，木工用接着剤のみで接合する生徒が若干名，釘で接合する生徒が大半を占めた。接着剤を使用した生徒は，Fクランプかはたがねで材料を固定させた。釘は，鉄丸釘，真ちゅう釘，ステンレスのスクリュー釘の3種類を出しておいたが，鉄丸釘を使う生徒は少なく，半数以上は真ちゅう釘を選択した。
　ＰＰ板の取り付けは，3×10のネジと#1のドライバーを使用。数名の生徒はキリを使用してネジ止めを完了した。

図11 生徒の活動の様子

④ 授業後のアンケートより
　今回の製作には，1年生181名が取り組み，全員が鉛筆立てを完成させた。

(1) 鉛筆立ての仕上がりについて
　右のグラフは，作品についての自己評価をまとめたものである。
　うまくできなかった主な理由としては，「板のつなぎ目に段差ができてしまった」「カーブの部分がなめらかに削れなかった」「釘が横から出てしまった」などであった。

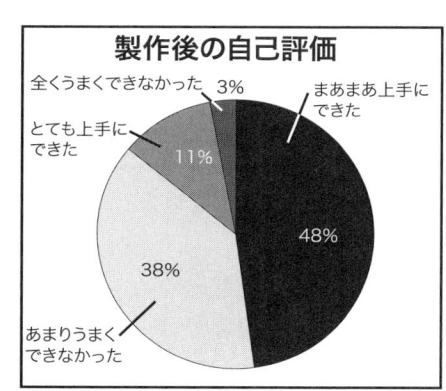

図12 自己評価アンケート

第1節　ガイダンスに関する技術科教育　29

(2) ものづくりに大切なこと

鉛筆立ての製作を終えて,「ものづくりにとって大切なものとは何だと思いますか」の質問に対し,次のような内容があげられた。

> 「気持ち,心をこめること,豊かな心」「道具を正しく使うこと」「集中力,根気」
> 「丁寧に作業をすること」「工夫,アイディア」「時間を見て計画的に作業すること」
> 「自分自身が楽しむこと」「できあがりのイメージ」「こだわり」「経験」

(3) 製作を終えての感想

> 「予想していたのより難しくて,途中だいぶ悩みました。でも友達と相談しながら何とかできてよかったです。家で大事に使いたいです。」
> 「いろいろと失敗してしまい,時間がかかった。だけどすごく楽しかった。これからものづくりをする時は,もっと丁寧にやりたい。」
> 「自分が思っていた以上にうまくできました。カーブのところは,すごく難しかったけどなめらかにできてうれしかったです。」
> 「思っていたより大変でしたが,やっぱり完成すると達成感や喜びを感じます。初めて作りましたが,私の中ではまあまあうまくできたかなと思っています。やっぱ,ものを作るのは楽しくて良いなと思います。」
> 「このくらい楽勝だと思っていたけど,難しかった。失敗があってそこから工夫してみたけど遅かった。何かを作るというのは大変だと改めて感じました。」
> 「普段なにげなく使っている物も,こうして作られていると思うと,とてもすごいと思いました。自分で作るのは大変だったけど,とても楽しかったです。先生にも手伝ってもらわず,初めて,自分だけで作ったものだったので満足です。」
> 「初めての作業だったので,不安と緊張があったけど,自分でもうまくできたと思えたのでうれしかったです。今回の製作では,反省がいくつかあったので,次の作品では,もっといいものを作りたいです。」

(3)「もしもの世界」を考えよう(話し合い活動)

身近な技術に関連した「もしもの世界」をイメージさせ,グループで話し合いをする活動を仕組む。技術を,より生活と密着させて考えようとする態度を育むことがねらいである。このときの課題は,トレードオフの関係性の中で,長所と短所を考慮して選択するようなものが望ましい。それぞれの条件とどのように折り合いをつけていくのかを考えさせ,最善の方法を自己決定させていく。さらにグループで話し合いながら意見をまとめ,理由を付けて説明させる。正解はなく,自由な発想で行い,どんな意見でも受け入れる態度で臨ませることが大切である。

【テーマ例】
・「エネルギー危機のため,各家庭で使用できる電気機器が一つに制限されることになりました。あなたの家庭では,どの電気機器を残しますか?」
・「ゴミ問題が深刻化し,街で回収してくれるゴミの量が制限されることになりました。多くのゴミは自分で処理しなければなりません。あなたは家庭で,どんな工夫をしますか。」

まとめ・考察

　技術分野は「A　材料と加工に関する技術」「B　エネルギー変換に関する技術」「C　生物育成に関する技術」「D　情報に関する技術」の学習内容で構成されている。技術・家庭科の授業時数が削減され，計画的な学習が求められている中，なぜガイダンス授業の充実が求められているのだろうか。初めて技術室に入る生徒は，「これからどんな学習をするのだろうか」「いろいろな機械や道具がある」などの感想を持ち，学習への期待が高まる瞬間である。これまでのガイダンスは，3年間の学習内容の紹介や技術室の使い方や諸注意等が主であり，学習意欲の高まりは十分とは言えなかった。だからこそ，技術の授業を意欲的に学び続けようとする生徒を育むために，初めて教科と出会うガイダンスの授業は大切にしなければならないだろう。学習計画には，学習内容の説明だけでなく五感を使った製作体験等を組み込んだ。授業展開例で示した鉛筆立ての製作は，木材とPP板を融合させた"ものづくり"を行った。製作後のふり返りでは，「次はもっといいものを作りたい」「ものを作るのは楽しい」などの感想があった。このことからふり返りを行うことは，学習意欲の向上に効果がある。しかし，製作活動は前年度からの材料や道具の準備が必要となるため，年度当初の早い段階から計画的に進めたい。製作活動の他に次に紹介するようなミニ実験や観察なども，技術への関心を高めることに繋がる。

① **ボールペンの分解・観察**

　ボールペンは，スプリングやねじなど，複数の部品から構成されている。ボールペンの分解・観察は，準備の必要もなく，容易に技術に触れられる利点がある。ただし，部品の紛失や破損には十分な注意が必要である。

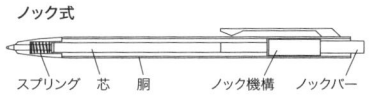
図13　ボールペンの分解

② **発電実験（レモン電池）**

　身近にある果物から発電できる実験は，生徒に，驚きをあたえるとともに技術に対する興味・関心を高められる。実験に必要なものは「レモン，銅板，亜鉛板，配線コード，LED」と，準備する物が少ない。

③ **発光実験**

　電気を光に換える仕組みは，身近にある技術の一つである。その仕組みを学ぶことが，技術とは何かに気づかせるきっかけとなる。この実験

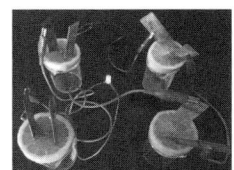
図14　レモン電池

では，「シャープペンシルの芯が光を出すのは驚いた」「白熱電球は，意外と簡単な仕組みだった」「他の照明器具の仕組みはどのようになっているのだろうか」などの反応が期待できる。発光実験では，芯の破損による事故を防ぐため，ペットボトルのカバーをつけたい。

　その他にも，身近にあるものを使ったミニ実験や観察はたくさんある。製作体験やミニ実験・観察は，特別な素材ではなく，身近にあるものが学習への動機付けに有効だと考える。製作活動やミニ実験などを取り入れたガイダンスの充実は，その後の学びへの意欲を高め，3年間の学びに大きな影響を与えるだろう。

　　　　　　　　　　　（服部　裕一，原田　功，森田　忠）

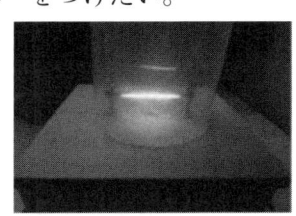
図15　シャープペンシルの芯の発光実験

第2節　A 材料と加工に関する技術科教育

❶ 伝統文化を継承するものづくり教育
指導時数　5時間

◆ 題材設定の理由とねらい ◆

　中学校学習指導要領技術・家庭の内容A「材料と加工に関する技術」の指導項目「(1) 生活や産業の中で利用されている技術」のねらいの一つに，「日本の産業の特徴であるものづくりを支える能力をより一層高めるとともに，ものづくりを通して技術と社会などのかかわりについて理解を深め，よりよい生活の実現を目指して，技術を適切に評価し活用できる能力と実践的な態度を育成する」という記述がある。

　特に，伝統文化を継承するものづくり教育については，先人たちが残し，今もなお引き継がれている伝統文化を知るために，調べ学習等によって，先人たちの知恵と努力を感じる場面を設定した授業を展開することがより望ましいと考える。

　そこで，生徒の資質・能力を確実に身につけさせるために，「①実際に調べる」，「②調べたことについて意見を出し合って考える」，「③情報をわかりやすくまとめる」，「④まとめたことを発表する」など，グループワークや言語活動等を通じて，主体的・協働的に学ばせていくことが，生徒の思考をより活性化させていくと考える。

　本学習においては，学習意欲の向上につながる「本質的な問い」とするために，プレゼンテーションや報告書などの「パフォーマンス課題」を用いた発表により生徒の思考力・判断力・表現力を高めるとともに，「ルーブリック」による評価方法を用いる。

◆ 題材の特色 ◆

　日本では木材は，神社や仏閣の建築物の材料としてだけでなく，日常の生活の道具や農工具などに至るまで，様々な材料として使用されてきた。これは日本が温暖・湿潤な気候であるため，様々な種類の木材が入手しやすかったことや，入手できる木材は加工がしやすいものが多かったためである。木材の利用は日本の文化にも大きな影響を及ぼしたと考えられる。

　木材に恵まれた日本では，用途に応じた使い分けも可能であった。例えば，針葉樹材であるスギやヒノキは加工しやすいため柱や板張りなどの建築材に，通気性や防湿性に富んでいるキリはタンスなどの家具材に利用されるとともに，広葉樹材であるカシやナラは堅くて摩耗に強いため日用品の道具に用いられてきた。さらに日本の，木材を加工する技術は，地震の揺れを緩やかに受け止めて耐える構造をもった法隆寺五重塔や，電気の力などを使わずに建物内の湿度を調節する正倉院などにも応用されるなど，多くの先人たちの知恵や工夫が様々な建築物や作品に結集され，日本のものづくりの伝統文化が，現在に引き継がれている。

　ここでは，伝統的な建築物などに見られる工夫・創造，さらに様々な作品の緻密な加工や仕上げの技術など，日本の生活や産業の発展にかかわるものづくりの技術を取り上げ，これらが日本独特の文化や伝統を創り出し，現在につながってきたことを知らせていきたいと考えた。

授業展開例

学習項目	学習内容・手順等	指導のポイント
【今も生きる先人の技術】 法隆寺五重塔と東京スカイツリーの構造を調べてみよう （3時間）	1　調べ学習 　インターネットや図書館などで，次のことを調べてみよう。 （法隆寺五重塔） ①　築1,300年が経過した建物が，なぜこれまでの強い地震や台風の襲来などにも耐え，現存できたのだろうか。 ②　受け継がれてきた伝統的な技術が，建造物の随所に取り入れられていると言われるが，どんなところに取り入れてあるのだろうか。 ③　このような建物をつくるには，様々な道具が必要である。宮大工たちはどのような道具を用いていたのだろうか。 （東京スカイツリー） ④　法隆寺五重塔の技術が受け継がれていると言われているが，どこに生かされているのだろうか。 2　調査したことを発表しよう ・グループワークを通して，調査結果をプレゼンテーションにまとめ，報告しよう。	★学習を通して，建造した先人たちの卓越した技術力の高さと緻密さへのこだわりへの感動と，先人たちの文化への誘いに魅了される説明にする。 ★法隆寺五重塔が幾多の地震や台風の襲来にも耐え，これまでなぜ現存できたのか探究させる。 ★様々な道具の開発と使用があってこそのものづくりであることを考えさせる。 ★法隆寺五重塔の建造に工夫されている技術を参考に，東京スカイツリーにもその技術が生かされていることを調べさせる。 ★各グループで，①〜④のいずれか1項目を発表させる。
【今も生きる先人の技術】 からくり儀右衛門と言われた田中久重の作品を調べてみよう （2時間）	1　調べ学習 　インターネットや図書館などで，次のことを調べてみよう。 （万年自鳴鐘） ①　万年自鳴鐘は，からくり時計の最高傑作と言われているが，作品のどこに，そう言われる特徴があるのだろうか。 （田中久重の作品から） ②　田中久重は，なぜ，からくり儀右衛門と言われたのか，久重が製作した作品の一つを例に考えてみよう。 2　調査したことを発表しよう ・グループワークを通して，調査結果をプレゼンテーションにまとめ，報告しよう。	★学習を通して，万年自鳴鐘の仕組みとその工夫から受け取れる久重の作品へのこだわりと，作品の技術の高さに感動を得る説明にする。 ★久重の成し得た数々の作品からその遺業に思いを馳せ，夢の実現へのロマンと努力を感じ取らせる。 ★各グループで，いずれか1項目を発表させる。

授業内容

　伝統文化を継承する授業の展開にあっては，先人たちから受け継がれ発展を続けてきた技術が，人々の生活をより一層向上させてきたことや，これからの技術の進歩が産業の進展とともに継承され，これからの発展に大きな役割を果たしていくことを指導することが重要と考える。

　開隆堂出版の技術分野の教科書7ページには，法隆寺五重塔が記載されている。日本は，世界最古の木造建築である法隆寺に代表されるように，世界に誇る木の文化を有している。地震の揺れに対しても耐えられる構造をもつなど，木の性質をよく知っている宮大工たちはその性質を最大限に生かした建物をつくり上げてきた。

　また，このような背景には，先人たちが積み上げてきた技術力と，様々な道具の発展があり，それがさらにものづくりの文化を発展させてきたのである。

　このような技術の進歩と発展によって，例えば，今日，人間や動物が持っている以上の大きな力で作業を進めることができるようになったことは，人間の手で行う作業の軽減，作業の能率や生産性の向上，自動化やオートメーション化の実現など，人々の生活や産業に大きな変化をもたらしたと言っても過言ではないだろう。

　その結果，今日では先人たちの技術が引き継がれたことや，さらに産業機械の進歩により，高さ634mの東京スカイツリーの建設が実現した。そこには，様々な技術が駆使されている。例えば，300m以上は雲の上になるという過酷な作業に耐えるため，特殊な仕様のタワークレーンを用い，最上部から下へ向かって工事を進めていく「リフトアップ」という工法を用いたことは，たいへん有名な技術の一つになっている。また，限られた敷地に細長く地上にそびえるタワーを支えることが出来るようにするために，地下50mに杭を打ち込む「杭基礎」という工法や，突起物をつけた複数の壁状の杭が地盤にスパイクのように食い込み固定する「ナックル・ウォール」という工法も採用されている。

　一方，教科書2ページには，田中久重（たなかひさしげ）の「万年自鳴鐘」が取り上げられている。久重は，和時計の研究を進めるために天文学や暦学を学び，やがて万年自鳴鐘の開発へと至った。このような江戸時代の末期に，幕府や雄藩をはじめとする西洋科学技術導入の試みが日本各地で行われ，その後の日本の近代化に大きな影響を与え，西洋の知識や技術を移植するべく試行錯誤を繰り返しながら，緻密で多彩な作品が開発された。

　伝統文化の継承はその時代に生きた先人たちの知恵と工夫の集大成であり，その一つひとつが継承されてきたことによって今日の技術がある。そこには，人間の知恵が凝縮されており，次代に引き継がれていくことによって，さらに最先端技術へと発展していくのである。

　ここでは，先人たちの技術がどのように伝えられて，今日の技術があるのか探究し，先人たちが成し得てきた遺業に思いを馳せ，先人たちが描いたロマンと努力を感じ，私たちに送られた文化の伝承という贈り物に，驚きと感動を自身の肌で感じてほしいと考える。

（1） 法隆寺五重の塔と東京スカイツリーに学ぶ伝統文化とものづくり
① 法隆寺五重塔

　法隆寺の五重塔は，西暦680年頃に建立され，現存する世界最古の木造建築と言われている。その間約1,300年にもなるが，これまで幾度となく襲った強い地震や台風にも耐え，一度も倒壊することはなかった。

　それは，五重塔は中央に心柱が貫通し，塔を形成する五つの建造物が下から順に積み重ねられ，各建造物の頂部のみが各層と接し，各層はそれぞれ独立したつくりになっているからである。心柱は共振現象を抑制する装置の役割となって，地震の揺れを軽減する助けとなっている。また，各階の床が心柱にぶつかることによって心柱が揺れを吸収し，崩壊するほどの横揺れがあっても，それを防いでいると言われている。

　しかも，各層の木材は特殊な「木組み」によって接合され，この工法は揺れやしなりを吸収するはたらきがある。木組みがしっかりしているために水平方向には変形しづらいことも，地震に強い要因になっている。このように地震の揺れをしなやかに受け流して耐えられる耐震構造を「柔構造」と言う。

　このほかにも，心柱の先端となる頂部には塔のような長い相輪が被せられていてつり合いをとっていることや，各層の屋根は比較的ひさしが長く，バランス的に屋根が大きくなっていること，またいちばん下の屋根から五重まで上層にいくにつれて屋根の大きさを減少させる割合（「逓減率」という）を，高く設計していることも大きな特徴である。

　さらに，五重目の屋根の一辺は，いちばん下の屋根のおよそ半分の大きさである。しかも塔身も下層から上層へ行くにつれて，細くなっている。こうした工夫は，他の建築物にはあまり見られない特徴である。このような構造の特徴が，五重塔の耐震性に深く関わっていると言われている。

図1　法隆寺五重塔

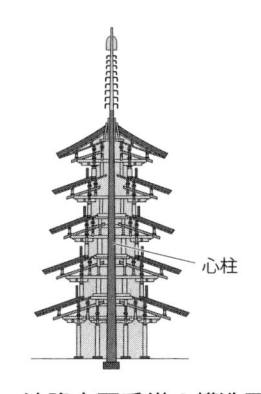

図2　法隆寺五重塔の構造図

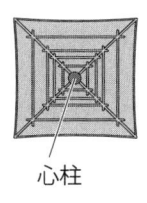

図3　法隆寺五重塔の心柱構造

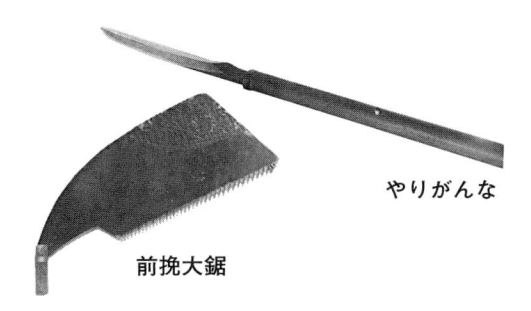

図4　先人たちが使っていた木工具
やりがんな
前挽大鋸

さらに，木材の様々な加工と用途の広がりは，「切る」，「削る」，「穴をあける」などの作業にかかる先人たちの知恵や工夫によって，様々な種類の木工具がつくられてきた。このようなものが，やがて次の専用の道具を生み出し，材料の加工を容易に，しかも効率的にしてきた。
　こうした技術の進歩と発展が，人々の生活や産業に大きな変化をもたらしたと言っても過言ではない。

② **東京スカイツリー**

　東京スカイツリーは，新しい電波塔として平成24年2月に，東京都墨田区に竣工した。高さ634m，自立式電波塔としては世界一の高さを誇っている。
　地震や強風時の揺れに対しての強度を保つため，法隆寺五重塔のような心柱構造になっており，中央部に設けている鉄筋コンクリートづくりの円筒は，外周部の鉄骨とは構造的に分離されている。しかも，中央部の心柱の上部に重りを置き，地震が発生した際には，ツリー本体の揺れとはタイミングがずれて振動させる。つまり，ツリーと重りの揺れを相殺させて，構造物全体の揺れを抑制させる「制振システム」がとられている。これは「質量付加機構」といわれる制振技術を応用したものである。
　平成23年3月11日に起きた東日本大震災の際にも，この構造により工事中の東京スカイツリーへの被害は少なかったと言われている。この制震システムは，先人たちが創り出した伝統の技への敬意を込めて「心柱制震」と名付けられている。
　五重塔を建造した宮大工の伝統的な技術は，今，こうして現代の技術に受け継がれ，超高層ビルやタワー型の電波塔などの建設に生かされている。

図5　東京スカイツリー

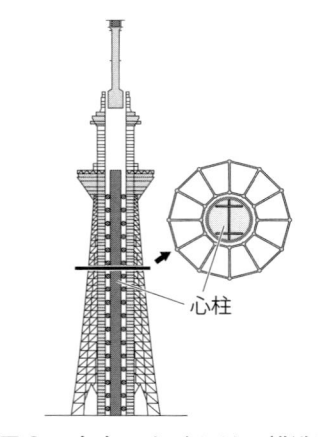

図6　東京スカイツリー構造図

(2)　からくり儀右衛門に学ぶものづくり

　江戸時代の末期，幕府や雄藩をはじめとして，日本各地で行われた西洋科学技術導入の試みは，日本の近代化に大きな影響を与え，西洋の知識や技術を移植するべく，試行錯誤を繰り返しながらさまざまなものが開発された。
　福岡県久留米市に生まれた田中久重は，幕末から明治にかけて活躍した「からくり儀右衛門」と呼ばれた発明家であり，技術者でもあった。若い頃から「からくり人形」や「無尽燈」などの発明で世に知られ，様々な作品を残している。特に，久重の「万年自鳴鐘」に対するこだわりは，時計としての構造や機能にとどまらないほど，みごとな作品になっている。

久重のこのような発想の背景には，天文学や易学を修め，蘭学塾にも入門して新しい知識を吸収するなどして，科学的な知識も身に付けていたと言われている。
　幕末から近代の日本における新たな科学技術の導入を支えていた久重の作品を授業で取り扱い，日本の伝統文化として生徒たちに知らせていきたい。

① **万年自鳴鐘（まんねんじめいしょう）**

　嘉永3年（1850年）から翌年にかけて設計・製作された和時計技術の集大成とも言える「万年自鳴鐘」は，からくり時計の最高傑作と言われている。
　和時計と西洋時計の技術を組み合わせ，太陽と月の動きを示す「天球儀」のほか，内部は4個のゼンマイの動力で連動し，一度ゼンマイを巻くと実験では225日間もの間動くと言われている。しかも，旧暦の日付や曜日，二十四節気，月の満ち欠けまでも一度に表示されるのである。
　また，螺鈿（らでん）や金工細工など，外装部も伝統工芸が施されている。平成18年に国の重要文化財に指定されている。

（東芝未来科学館所蔵）
図7　万年自鳴鐘（複製）

② **弓曳童子（ゆみひきどうじ）**

　江戸時代後期に製作された「弓曳童子」は，久重のからくり人形の最高傑作と言われている。ゼンマイや歯車，糸からくりなどを組み合わせた仕掛けで動くしくみである。
　ひもを引いてゼンマイを巻くと，童子がゆっくりとした動作で，右手で矢を取り，その矢を弓につがえ，的に向かって放つという動作を行う。一度のねじ巻きで連続して4本の矢を射り，そのうちの1回はわざと的を外すように設計されている。真鍮製のゼンマイ，7枚のカム，13本の糸とテコで構成されている。平成25年に日本機械学会の機械遺産に認定されている。

（久留米市教育委員会所蔵）
図8　弓曳童子

③ **茶酌娘（ちゃしゃくむすめ）**

　江戸時代後期に製作された「茶酌娘」は，人形が持っているお盆に茶碗を載せると，客の前までお茶を運び，客が茶を飲み干して茶碗をお盆に載せると，元の場所まで持ち帰る。
　皿に茶碗を置くと腕が下がり，腕の動きに連動

図9　茶酌娘

第2節　A　材料と加工に関する技術科教育　37

して歯車のストッパーがはずれて，歯車が回転し始めるしくみになっている。また，大歯車の横にカムがあり，大歯車とカムは連動して動くが，このカムを回転させて位置をずらせるため，移動距離を調整することができるようになっている。

さらに，Uターンは前方底部の小さな車輪によって行うが，ちょうど三輪車の前輪と同じように，角度によって進行方向が変わるようになっている。これもカムによって制御するしくみである。また，すり足は，左右の動輪の中心をずらしてクランク運動させることにより動くようになっている。

④ 無尽燈（むじんとう）

天保8年（1837年）に完成された「無尽灯」は，江戸時代後期から明治時代初期にかけて庶民の間で日常的に使用された，空気圧を利用した照明器具である。

空気圧によって，下部のタンク内の菜種油が自動的に灯芯にのぼっていくしくみで，一度加圧して点灯すると3〜4時間連続して燃え続け，当時としては長時間であり，主流であったろうそくの10倍の明るさがあったと言われている。

これは，オランダ製の「リクトパルレン（風砲）」という空気銃にヒントを得てつくられたと言われている。

⑤ ねじ切りゲージ

「ねじ切りケージ」とは，金属の管の中にめねじを切る道具である。西洋から旋盤が輸入されるまでは，当時の日本の技術では，金属の管内にねじを切ることは不可能に近かったと言われている。

図11の「ねじ切りゲージ」は，久重の弟子の倉重卯平（くらしげうへい）の家に伝来したといわれる江戸時代末期に製作されたねじ切りの装置である。これは幕末に久重が一種の自在ねじ切り機械を考案し，その装置の型を卯平が複製したと言われている。この装置を使用することにより，ゲージと同じ間隔のねじ山を刻むことができ，規格のそろった互換性の高いねじをつくることができるようになったのである。

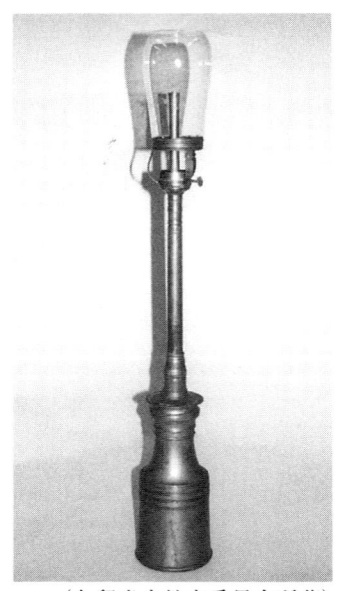

（久留米市教育委員会所蔵）
図10 無尽燈

（久留米市教育委員会所蔵）
図11 ねじ切りゲージ

まとめ・考察

ものづくりの歴史は，人々の生活を豊かにする営みであると言っても過言ではない。

生徒たちには，探究活動によって日本のすばらしい伝統技術や文化にふれさせ，先人が考え出した知恵と工夫を知り，その遺業に思いを馳せ，興味・関心を引きつける授業を展開することが重要である。それが技術を継承・発展させることにつながるよい機会ととらえている。

(1) パフォーマンス課題

本学習にあっては，インターネットや図書館等での「調べ学習」を導入している。

パフォーマンス課題による最初の「問い」は，

> （法隆寺五重塔）
> ① 築1,300年が経過した建物が，なぜこれまでの強い地震や台風の襲来などにも耐え，現存できたのだろうか。

生徒たちは，グループワークを通した協働的活動により学びを深め，思考を活性化させ，報告会における言語活動等により，さらに思考力・判断力・表現力を高めていくと考える。

(2) ルーブリックによる評価

「ルーブリック」による評価において，評価のレベルを例えば4段階とした場合，五重塔の地震や台風の襲来への工夫について，「問い」にかなう「答え」が，探究活動により適切に取り上げられているか判断するとともに，どの程度深い調査研究がなされ，プレゼンテーションの作成や資料を使った報告が行われたかによって評価のレベルが決定される。

例えば，資料の活用を例にとれば，評価のレベル4では『ふさわしい資料を選び，よく活用して説明している』，レベル3では『資料を選び，説明している』という程度になる。

表1　ルーブリックによる評価の例

レベル	パフォーマンス評価	
4 よい	（答え）強い地震や台風の襲来などに耐え，現存できた理由 ・中央に心柱が貫通し，心柱は共振現象を抑制する装置の役割を果たしているから。 ＊この項目については，報告がなければ評価は3以下。	・ふさわしい資料を選び，よく活用して説明している。
3 ほぼよい	・5つの建造物が下から順に積み重ねられ，しかも各層が独立したつくりになっており，頂部のみが各層と接している構造だから。	・資料を選び，説明している。
2 もう少し	・各層の木材は特殊な「木組み」によって接合され，この工法は揺れやしなりを吸収する「柔構造」になっているから。	・資料の活用が十分でなく，わかりにくい。
1 改善を要する	・初重から五重まで上層にいくにつれて屋根の大きさの減少させる割合を高く設計しているから。 ・塔身も下層から上層へ行くにつれて，細くなっているから。 など，調べ学習が行われているか。探究の深さはどうか。	・資料がほとんど活用されておらず，よくわからない。

こうしたルーブリックによる評価方法は，あらかじめ生徒に示すことによって，教師が生徒の学習活動に何を期待しているか，生徒自身も理解できるようになる。

（井手　和憲）

第2節　A 材料と加工に関する技術科教育

❷ デザイン力や企画力を育む設計学習
指導時数　8〜10時間

◆ 題材設定の理由とねらい ◆

　我々の社会生活においては，ものづくりに関わらず，デザイン力や企画力が求められており，特に，現在のような知識基盤社会では，個人の知識を組織力によって，いかに創造へと結びつけていくか，そのマネージメント力が問われている。野中らは，この具体例の一つとして「ホンダは，開発プロジェクトにおける難問を解決するための徹底した議論の場として，『タマ出し会』と呼ばれるブレーン・ストーミング合宿を設けている」[1]と紹介している。一般的に，ブレーン・ストーミングは，建設的な意見を含まない批判のための批判はしないという約束事のもと，各個人の中に潜んでいるアイディア（暗黙知）の芽を可能な限り引きだす有効な手段として存在している。野中らが例示したホンダの取り組みは，実際の製品開発の場面においても，プロジェクト担当者が「『言語活動』を通して，各自の暗黙知の『共同化』を図り，『問題解決』に至る」という一連の方法論的視座を我々に与えている。

　技術科が対象としているものづくりでは，企画そのもののみならず，実際の製作に入る前に様々な視点から検討する設計の工程が重要であることは言うまでもない。一方，技術・家庭科技術分野（以下，技術科）の学習では，昨今の指導時数削減から設計の学習（以下，設計学習）に充てる指導時間が十分確保されない傾向が垣間見えている。例えば，日本産業技術教育学会技術素養調査委員会が教育養成系の大学生を対象として実施している調査[2]では，平成20（2008）年告示中学校学習指導要領の技術科に示されている24の指導項目に対する有用感を質問しており，その結果「構想の表示方法を知り，製作図をかくことができること」の問い対する肯定的な回答（4：とても役立つと思う，3：やや役立つと思う，2：あまり役立たないと思う，1：まったく役立たないと思う，という4件法による質問において4及び3を選択した回答）が63.2％という低水準にとどまっている。この項目は，調査を開始した平成21（2009）年度から5年連続してほぼ同じ水準で最下位（24位）となっている。また，「メディアの特徴と利用方法を知り，制作品の設計ができること」（20位前後），「機械や電気を利用した製作品に必要な機能と構造を選択し，設計できること」（5年連続23位）であり，「A　材料と加工に関する技術」のみならず，いずれも構造や設計に関する学習項目の有用感が低いことが示されている。なお，最上位は5年連続で「技術（テクノロジー）が生活の向上や産業の継承と発展に果たしている役割について」であり，肯定的な回答は93.0％となっている。この肯定的な回答の数値と比較しても，学生が製作図をかくことを含め，「製作品の構想から設計に至るまでの一連の学習の有用性をあまり認識できていないのではないか」いう課題が浮かび上がってくる。そしてこの課題は，そのまま中学校技術科における指導課題であるともいえる。

　そこで本項では，設計学習の場面で必要となる製作の目的，製作品の機能，材料の性質と丈夫な構造の検討に着目し，これらの追究をアクティブ・ラーニングで構成し，暗黙知として存

在している個人のアイディア（企画・デザイン）を，グループ・学級で検討し合い共有化した上で，製作図として表現（形式化）していくことを通して，デザイン力，企画力を育む設計学習を構想することにした。

◆ 題材の特色 ◆
（1） 製作題材
　通常，設計学習のみで内容Aに関する学習を進めていくことは考えにくいと思われる。そこで，まず設計学習を進めていく上で前提となる製作題材を紹介する。図1は，本項で提案する設計学習の前提となる製作題材である。多様な材料を利用することも考慮し，木材・黄銅・PET樹脂の3材料を組み合わせることができるようになっている。一方，題材の目標や指導配当時間，材料費も考慮して，材料の使用量には制約を設け，条件の中で各自の構想を進められるようにしている。また，用意されている材料を活用して製作できる提示用教材も数種類用意して，生徒が具体的にイメージしやすいように配慮している。

図1　制作題材「マルチラック」

（2） 設計学習の教育的価値　−学習の動機付けに着目して−
　マルチラックを製作題材として取り上げる前年度には，題材の目標をクリアでき，完成した際の見栄えがよく，家庭に持ち帰ってからの評判もよい箱椅子を製作題材として取り上げていた。一方，箱椅子は完成度という観点では優れてはいるものの，設計の自由度が低い（小さい）という問題点を抱えていた。そこで，ある年度の3学期，翌年度の指導計画の改善を図る際に，製作題材の変更を決定した。この際，箱椅子とマルチラックという製作題材の変更が，生徒の意識にどのような変化をもたらすのかを調査しておく必要があると考えた。もちろん，設計に係る指導時数を増やすことになるので，設計に関する意識が高まることは容易に想像できる。そこで，アクティブ・ラーニングでは欠かすことのできない「学習の動機付け」に着目した調査を実施した。なお，題材設定の理由で述べた「有用感」の形成と「学習の動機付け」との関係は，すでにいくつかの学術研究が成されており，一般的な知見として「学習の有用感が学習の動機付けを高める」という結果が得られている。

表1 比較した題材A（左）と題材B（右）

段階		主な学習活動	時数
構想設計(8)	1	実物見本を見て、製作品づくりへの願いをもつ。	1
	2	ものの形を図で表せるようにする。	2
	3	木材の特徴について学習する。	1
	4	じょうぶな構造のしくみを知る。	1
	5	等角図で作品の構想図を作成する。	2
	6	材料表・工程表を作成する。	1
製作(23)	7	材料取りをする。	6
	8	部品加工をする。	10
	9	ペアで箱の組み立て実習を行う。（練習題材）	1
	10	組み立てをする。	6
まとめ(1)	11	製作のまとめをして、加工技術の発達から技術の果たす役割を考える。	2
			33

段階		主な学習活動	時数
構想設計(12)	1	実物見本を見て、製作品づくりへの願いをもつ。	1
	2	製作品の構想を立て、スケッチを作成する。	2
	3	ものの形を図で表せるようにする。	2
	4	木材の特徴について学習する。	1
	5	マルチラックの機能と構造を考える。	2
	6	等角図で作品の構想図を作成する。	3
	7	材料表・工程表を作成する。	1
製作(19)	8	材料取りをする。	6
	9	部品加工をする。	8
	10	組み立てをする。	5
まとめ(1)	11	製作のまとめをして、加工技術の発達から技術の果たす役割を考える。	2
			33

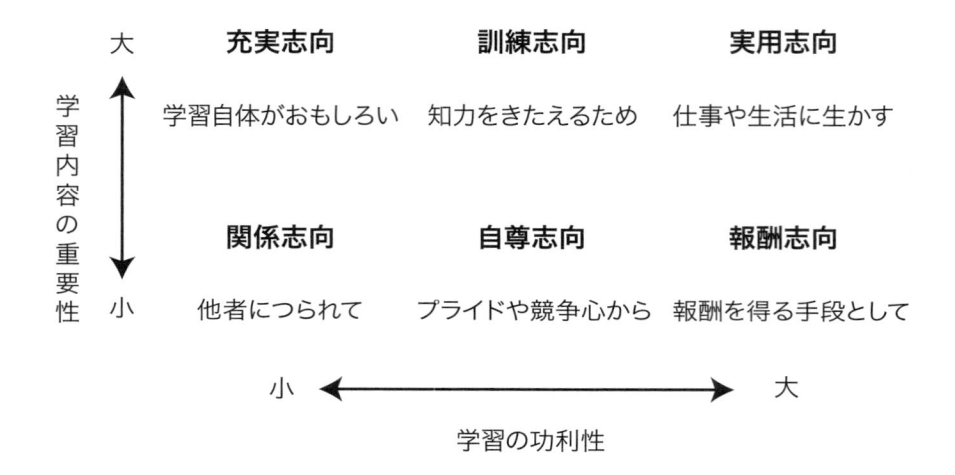

学習内容の重要性 大↑↓小

	充実志向	**訓練志向**	**実用志向**
	学習自体がおもしろい	知力をきたえるため	仕事や生活に生かす
	関係志向	**自尊志向**	**報酬志向**
	他者につられて	プライドや競争心から	報酬を得る手段として

学習の功利性 小←→大

図2 「学習動機の2要因モデル」における学習動機[3]

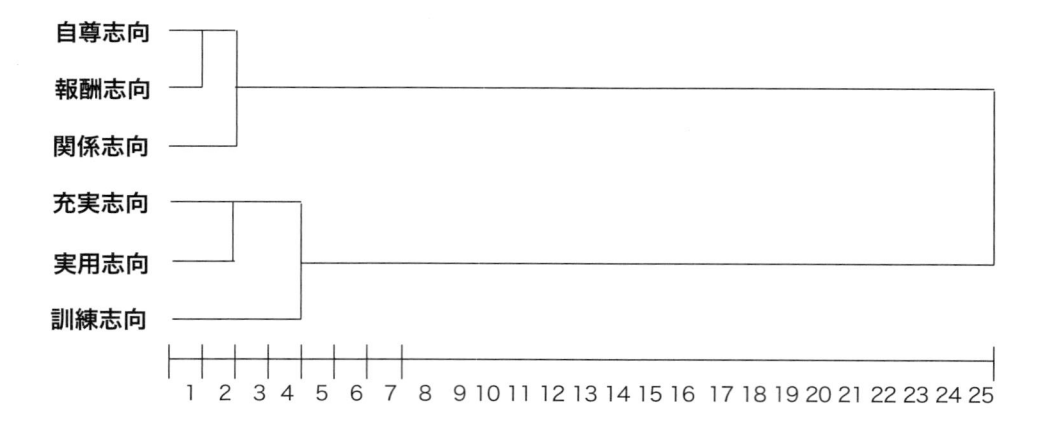

図3 クラスター分析の結果

「学習の動機付け」の測定には，市川の「学習動機の2要因モデル」に基づく，学習動機尺度を用いている。この尺度は，図2のように「充実志向」，「訓練志向」，「実用志向」，「関係志向」，「自尊志向」，「報酬志向」を測定できるように作成されており，市川は，前の三つを「内容関与的動機」，後ろの三つを「内容分離的動機」と定義している[3]。一方，オリジナルの質問項目には，例えば「勉強したことは，生活の場面で役立つから」（「実用志向」を問う質問項目の一つ）のように，学習全般についての問いかけとなっているものが多数あるため，一部「ものづくり」という文言をつけたり，置き換えたりした上で調査を実施している。

図3の横軸・距離係数について，5を基準にクリッピング（グループ分け）すると，次の二つのクラスター（似たものどうし）が認められた。一つは，「充実志向」，「訓練志向」，「実用志向」のクラスターであり，もう一つは，「関係志向」，「自尊志向」，「報酬志向」のクラスターである。これは，市川が「内容関与的動機」，「内容分離的動機」と定義したグループ分けと一致しており，この調査におけるクラスター分析においても同様の傾向が示されたため，改変した尺度が基尺度と同様の構造を維持していることが確認できた。

次に，比較的設計の自由度が低い箱椅子を製作題材とした題材A（表1左）と，比較的設計の自由度が高いマルチラックを製作題材とした題材B（表1右）で学習した生徒の回答状況を比較したところ，題材Bで学んだ生徒の方が，「内容関与的動機」に属する「充実志向」，「訓練志向」，「実用志向」の水準が，有意に高いことが示された。一方，「内容分離的動機」の水準には，明確な有意差は見られなかった。このことから，「設計学習」の充実は，アクティブ・ラーニングにおいて不可欠となる「学習の動機付け」，特に「内容関与的動機」に影響を与えることが示唆された。この知見も踏まえ「設計学習」について，10時間（8時間）の展開を構想した。

◆ 題材の展開 ◆

題材：「マルチラック製作の企画をしよう」全10時間
　　　［全8時間（*1のキャビネット図の扱いをなくして1時間，*2の一部を前時に含める）］
指導項目・事項：内容「A　材料と加工に関する技術」（2）ア，（3）ア・イ

授　業　展　開　例

学習項目	●学習内容　・生徒の意識	指導のポイント
題材の目標を明確にしよう （1時間）	●昨年度の作品や実物見本を見て，製作品づくりへの願いをもち，構想を練る。 ・自分は机の上のCDを整理する棚を作成してみたい。家に帰って，どのような机のどの場所に置くとよいのか考えてみたい。 ・本を入れる部分は木材にして，CDを立てかける部分は，金属パイプをうまく使うと良さそうだ。	★実物見本や上級生の製作品の写真を数多く用意して，製作品への願いをもたせる。また，材料の使用条件を提示した上で題材全体の学習問題（目標）を設定する。 ★家庭学習として，構想を練って，簡単なスケッチをしてくるように指示する。

自分の作りたい製作品の企画やデザインを検討しよう。（1時間）	●製作品のスケッチをもとに，班で各自の企画を発表し合い構想を練る。 ・自分の机にCDとDVDを整理するラックをつくろうとしているので，この目的と条件にあったものをスケッチで構想してみた。他の人は，どのような製作品を考えているのだろう。 ・Aさんは，金属のパイプを上手に利用しようとしている。こういう方法も考えられるので検討してみよう。もう少し，時間がありそうなのでじっくり考えてみたい。	★使用目的・使用場所の条件を基に考え，構想してきた自分の企画・デザインについて，スケッチをもとに班（4名）で発表する場を位置づける。 ★情報交換の時間後は，再度スケッチに取り組む時間を確保し，自分の構想を明確していくように指導する。また，製作図の作成までには時間があることを伝え，構想を練り上げていくよう指導する。
材料の性質を学習しよう（1時間）	●木材については強度実験の映像を視聴し，他の材料は教科書を参考にして，材料の特徴について理解する。 ・木材は金属と違い繊維方向を考えないといけない。条件になっている材料で製作品が作成できるか，家で再検討してみたい。	★木材の繊維方向による強度，水分と変形の関係等について指導し，作品の繊維方向を決めださせるようにする。また，金属，プラスチックの長所・短所について，教科書を使用して効率よく指導する。
丈夫な構造と接合法を考えよう（2時間）	●マルチラックの機能と構造を考える。 ・自分はCDを整理したいので，楽に取り出せるような大きさにしておきたい。接合部分も含めて，背板はどの程度の大きさにすればよいのだろうか。 ・そういえば，小学校の空調の吹き出し口がよく破損していた。材質にも問題がありそうだけれど，丈夫な構造にも着目する必要がありそうだ。 ●身近な部品を教材として，丈夫な構造にするにはどのようにしたらよいかを考え，マルチラックの各部の接合方法を決めだす。	★スケッチでは明確になっていない構造，接合についての問題点を発表させ，丈夫な構造・接合に着目した学習問題を設定する。 ★空調の吹き出し口にある部品の丈夫な構造について，三角の構造に着目し，班（4名）で考える時間を確保する。 ★打ち付きつぎ，組みつぎ（加工精度高い・低い）を用意しておき，ペアで強度を定性的に感じられるようにする。
製作図のかき方をマスターしよう。（2時間）[1]	●ものの形を図で表す。 ・製作品のデザイン，構造，加工法（接合法）などを決められた。 ・製作品をかくためには，製図のきまりに従い，正しくかくことが必要だ。	★キャビネット図と等角図のかき方，製図のきまりを指導して，各自の製作品を等角図でかけように練習問題を通して指導する。

製作品を等角図でかこう。（2時間）	●製図のきまりに従い，等角図を用いて自分の製作品を正しくかき表す。 ・板の厚さも考慮したり，接合部の部分を明確にしたりしないといけないのだな。寸法も正しくかきこもう。	★生徒が等角図をかきやすいように，斜眼紙を用意しておく。また，2時間で完成しない場合は，家庭学習を活用する。
材料表と工程表を作成して製作に備えよう。（1時間）*2	●材料表と工程表の作成をする。 ・一つひとつの部品の仕上がり寸法や個数，進め方がわかった。これなら，すぐに製作に取りかかれそうだ。	★製作図をもとに，材料表・工程表を作成させ，実際の製作がスムーズに進められるようにする。

授 業 内 容

本項では，全10時間の題材展開のうち，特に前半の5時間までの授業内容について，以下詳しく解説する。

（1） 第1時・第2時 [製作品の構想を練る時間]

導入の時間では，あらかじめ用意しておいた製作品例を提示したり，昨年度の生徒の製作品の画像を提示したりして，生徒が製作品へのイメージを膨らませることができるようにする。その上で，図4の企画に関するワークシートを配布し，使用目的・条件，材料の条件，製作時間の制限，木材加工室で利用できる道具や機械の条件を説明する。およそのイメージをもたせたところで，各自の使用条件を検討させるため，1回目のスケッチを家庭で仕上げてくるように指導する。

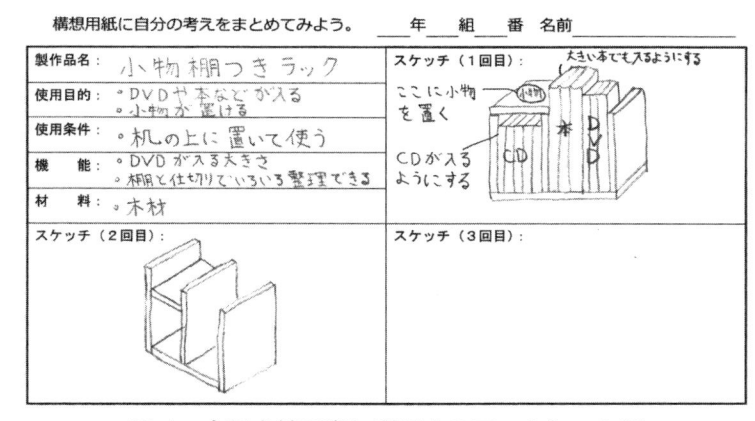

図4 企画を練る際に利用するワークシート例

第2時では，各自が練ってきた製作品の企画について，使用目的，使用条件をもとに情報交換する場を位置づける。ここでは，班員のワークーシート（図4）を共有し，言語と図表を用いてプレゼンテーションを行い，それぞれのデザイン等のアイディアを学び合う活動とする。また，教師は机間指導を通して，参考となりそうな生徒のワークシートを取り上げ，全体の場で共有できるようにする。そして，これら一連の情報交換の後，再び個人で構想を練る時間を確保して企画の練り上げを実施する。なお，製作図を作成するまでには，しばらく時間のある

ことを伝える。この際，次時以降の学習も含めた構想の練り上げに，図4の3回目の欄を活用させていくことも考えられる。このように，第1・2時は言語と図表を用いてのプレゼンテーション，思考というアクティブ・ラーニングを通して，企画力・デザイン力を高める学習とする。

なお，全体に関連することであるが，技術科の指導時間数は大変少ないので，このような企画・デザインに関する学習は，家庭学習も上手に活用することも配慮すべき事項と思われる。

（2） 第3時・第4時・第5時［材料の性質，構造，加工法，接合方法の検討をする時間］

第3時では，マルチラックで使用できる材料（木材・黄銅・PET樹脂）を念頭に置き，木材，金属，プラスチックの特徴について，教科書等を用いてその性質をまとめさせるようにする。続いて，製作品の主材料となる木材を取り上げ，次時の構造の学習と関連させた強度実験の映像（図5）を視聴させて，木材の繊維方向についての力学的な性質の理解を図るとともに，丈夫な構造とするにはどうしたらよいのかという学習問題を設定して，第4時へつなげる。

図5　構造の強度実験（映像）

そして，第4時・第5時では，マルチラックの構造を考える場面とする。第3時における実験映像（図5）によって，生徒は，材料の力学的な性質の理解とともに，丈夫な構造を考慮する必要性を感じることになる。そこで，丈夫な構造とするにはどうしたらよいのか考えさせる授業場面を位置づける。この際，製作しようとしているマルチラックは，一人ひとり構造が異なるため，まず，学級全体で同一問題を考えられる手立てを講じる。本項では，生徒の身近にあり，壊れやすいという認識を共有している暖房機器の吹き出し口の部品を取り上げる。技

図6　班で「ペイント」を活用して話し合う生徒

術的なトレードオフの着目点は，「通風効率 VS 丈夫な構造」となる。図6は，班（4名）でソフトウェア：ペイントを活用して，どのような構造がよいのか検討している様子である。このアクティブ・ラーニングの前には，丈夫な構造とするための基礎的知見を，各種構造物の写真を提示することを通して，生徒が得られるようにしている。こうすることで，話し合いというアクティブ・ラーニングが単なる試行錯誤の活動ではなく，根拠を基にした話し合い［アクティブ・ラーニング］となるのである。

この吹き出し口の部品を取り上げた学習では，形状という観点から構造の検討はできるものの，部品の接合法という観点から検討は困難である。そこで，再度図5の実験映像を想起させ，接合法を検討する学習活動を位置づける。ここでは，あらかじめ2名に1台用意した教材をもとに，実体験を通して定性的に強度を把握できるようにしている（図7）。この教材は，1枚の板材に，打ち付けつぎ（くぎのみの接合）・組みつぎ（加工精度高いもの・低いもの）の3種類を用意しておき，本体を木工万力に固定して強度を定性的に感じられるようにしたもので

ある。安全面の指導を実施した上で，ペアで取り組ませる。生徒は，接合法による強度の違い，同一方法でも加工精度によって強度が異なってしまうことを体感することができる。これら一連の学習活動の後，図8のような演示用教具を用いて最後のまとめの演示を行い，各自の製作するマルチラックの構造の検討に，これまでの学習を援用できるように支援する。

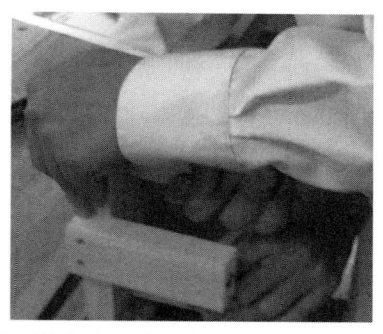

図7　接合法の強度を定性的に把握する

図8　まとめの演示用教具

まとめ・考察

　第4・5時で実施した「空調の吹き出し口」に関する学習を実施した際の，生徒（1年生）の感想の一部を図9に示す。身近にある製作品を通して，丈夫な構造を考え合うアクティブ・ラーニングを実施した結果，構造，材料についての認識が高められている様子，加えて，技術の学習に対する意義理解の認識の深まりも伺える。

　これまで述べてきたように，内容「A　材料と加工に関する技術」における「設計学習」は，技術科教育における工夫・創造力を高める絶好の学習場面である。指導時間をある程度確保し，様々な教材・教具を用意

図9　生徒の感想

した上で，言語・図表を用いたアクティブ・ラーニングを織り交ぜた実践することで，他教科では得られない「デザイン力・企画力を高める設計学習」になるのではないかと考えられる。

　本項執筆に関して，岩手大学教育学部附属中学校：佐藤和史先生・加藤佳昭先生の実践を参考にさせていただきました。感謝申し上げます。

＜参考文献＞
1) 野中郁次郎・竹内弘高：知識創造企業，東洋経済新報社，東京，p.92-93（1996）
2) 日本産業技術教育学会技術素養調査委員会：日本産業技術教育学会誌，第56巻，第3号，pp.231-236（2014）
3) 市川伸一：学ぶ意欲の心理学，PHP研究所，東京，p.46-61（2001）

（宮川　洋一）

第2節　A　材料と加工に関する技術科教育

❸ 段取り力や臨機応変力を育む製作学習
指導時数　15時間

◆ 題材設定の理由とねらい ◆

　近年，生産技術の向上により，生活のニーズに応じた多様な製品が生産・販売されるようになった。家庭においても，安価な木製品やプラスチック製品などが増えたため，製品を自作したり，修理して永く使用したりしようせずに，製品の買い換えで対応する人が増えている現状がある。生活におけるものづくりの経験値の減少は，材料の種類と特徴，工具の種類と使用方法に関する知識不足につながり，製品の材質や構造を読み解いたり，製作工程を予測したりする能力が低下していくと言える。

図1　小物棚つきラック

　技術・家庭科「材料と加工に関する技術」の指導では，現代社会で利用されている技術について関心を持たせ，材料と加工に関する基礎的・基本的な知識及び技術を習得させるとともに，材料と加工に関する技術が社会や環境に果たす役割と影響について理解を深め，それらを適切に評価し活用する能力と態度を育成することをねらいとしている。

　また，製作学習では，社会で利用されている主な材料に適した加工方法を理解させ，加工のための工具や機器を安全に使用できる技能を習得させるとともに，ものづくりを支える能力を育成する観点から，工夫して製作することの喜びや緻密さへのこだわりを体験させるとともに，これらに関連した職業についての理解を深めることをねらいとしている。

　製作実習においては，製作品の全体構造や製作工程の全体像を自分なりにイメージすること，状況に応じた工具の適した使い方について理論的に考えること，より正確に製作するための工夫や，製作途中に発生する問題に対して，習得した知識と技能を基に対処方法を考え実行できることが重要となる。

　そこで，製作実習において，材料の種類や個数，製作に必要な工具や機器の種類と特徴，製作順序の整理，材料表や製作工程表の確認など，作業計画に基づき安全かつ正確で効率的な作業を自分なりに考える「段取り力」と，部品の寸法のずれや破損，接合ミス，組立時のゆがみの修正など，製作中に生じる問題を想定し，状況に応じて適切な対応を判断し実行できる「臨機応変力」の育成を重視したいと考えたこと，さらに，消費者のニーズや生産者の意図を読み解く力，製品の価値を理論的に判断できる力を育てることで，循環型社会を踏まえ，材料と加工に関する技術を適切に評価するための基本的なスキルを身に付けさせたいと考え，本題材を設定した。

◆ 題材の特色 ◆

○ 基本的な技能の習得を図りながら，側板の位置と形状，棚板の位置，背板の形状等を工夫することで，自分なりの考えを設計に生かせる教材とした。
○ 設計した製作品の製作準備，けがき，材料取り・部品加工，組立て・仕上げという一連の製作工程について，安全かつ正確で能率的に作業を進めるための作業のシミュレーションを重視し，ペア学習やグループワークを通して段取り力を向上させる学習活動を設定した。
○ 習得した知識を基に，工具や機器の仕組みを理論的に考えさせながら，適切な使い方を実践的・体験的に学べるように配慮した。
○ 製作工程の中における，作業ミスの予測と対応策について検討させることで，臨機応変に製作工程を進められるように配慮した。

授業展開例

学習項目	学習内容・手順等	指導のポイント
①製作準備 （3時間）	●プレ実習として，堅さの異なる2種類の木材をのこぎりで切断し，切断のポイントや切断時間，切断による材料の寸法の減少を体験的に把握する。 ●使用する板材の種類を選択し，完成図と設計図を基に，製作品に使用する材料の種類や個数，必要とされる工具や機器，製作順序を整理し製作工程表を作成する。 ●作業順序と作業時間を明確にするために製作工程表を作成する。 ●設計図，材料取り図と製作工程表の適正さについてグループワークを行う。 ●材料加工時の寸法ミスや破損，接合時にずれがあった場合の対応を考える。	★教師の師範や動画教材を利用してのこぎりびきのポイントを説明する。 ★ペアで作業を行わせ，のこぎりの安全かつ適切な使い方をお互いに確認させる。 ★自分の技能や使用目的に応じた板材を選択させる。 ★製作に必要な工具の種類と特徴を確認し，一連の製作工程をシミュレーションさせる。 ★適切な加工法，作業時間，作業計画に基づいた能率的な作業について考えさせる。 ★部品表，材料取り表，製作工程表をチェックする。 ★修正方法が理解できているか確認する。

	②けがき （2時間）	●けがきの役割と，切りしろ・けずりしろの必要性を確認する。 ●設計図・部品図を基に，材料の基準面を決め，各部品の適切な材料取りを考える。 ●さしがねの正しい使用法を確認し，材料取り図に示した寸法に合わせて，切りしろと削りしろの寸法を考えながらけがきをする。 ●けがき後に，部品図の寸法と適合しているか，繊維方向が適切か確認する。 ●けがき後に教師のチェックを受ける。	★切りしろ・けずりしろに必要な幅を把握させる。 ★強度を保つための繊維方向及び切断面が少なくなるような部品の取り方になっているか確認する。 ★さしがねを使用するとき，周囲の安全に注意させる。 ★正確な切断，切削寸法が分かるように，こば・こぐちへのけがきも行わせる。 ★けがきの正確さをペアで確認させる。 ★一人一人，けがきの適正さをチェックする。
	③材料取り 部品加工 （6時間）	●工具や機器の構造や材料を加工する仕組み，安全かつ正確に切断するためのポイントを確認する。 ●目的とする加工に適した工具又は機器を選択し，工具の仕組みを活用しながら加工する。 ●材料の切断，切削，穴あけなどの加工の際，どれだけ正確に作業ができているか設計図や部品図で確認する。 ●機械加工の場合は，ジグを用いた材料の固定方法や安全な操作方法を確認する。 ●部品の検査を行い，寸法がずれた場合や欠けた場合の修正案を考え修正する。	★教師が成功例と失敗例を師範する。 ★工具や機器を安全かつ適切に使用するための正しい使用方法，姿勢，目の位置，工具の持ち方，力配分などを確認させる。 ★練習コーナーを設置する。 ★工具の切断や切削の仕組みを考えながら工具を使用するように指示する。 ★目的とする寸法とのずれを，測定具で測定させながら作業を進めさせる。 ★機械加工を行わせる場合は，材料の固定状況を確認させる。 ★加工ミス場合の修正方法をアドバイスする。 ★加工した部品の寸法の正確さをチェックする。

④組立て・接合 （2時間）	●プレ作業として，きりを使った下穴あけ，げんのうを使った釘打ち及び釘抜きの練習をし，適切な使い方を考えさせる。 ●接合する前に製作品の仮組立てをし，構造とずれをチェックし，問題があった場合は部品を修正する。 ●製作品の構造を考え，組立ての手順と接合方法，手順を間違えた場合の修正方法をシミュレーションする。 ●使用する工具の特徴と作業中の安全性を考える。 ●くぎを打つ場所，本数，接着剤使用の有無を考え，検討した組立ての手順にしたがって組み立てる。	★教師が成功例と失敗例の師範を行う。 ★ペア学習で釘打ちの姿勢を確認させる。 ★ペアで協力しながら仮組立を行うように指示する。 ★製作品の構造を把握させ，能率的に組み立てを行う方法を考えさせる。また，組立ての手順を間違った場合の課題を考えさせる。 ★接合が的確にできるかどうか部品の精度を点検させ，必要に応じて修正させる。
⑤仕上げ （2時間）	●製作品の使用目的や使用条件に応じて，必要となる表面処理を考える。 ●目止剤の役割を確認し，適量を考えながら必要な目止めを行う。 ●用途やニーズに応じた塗料を選択し，する。 ●製作品の表面や角を仕上げる手順を考え，工具，機器，やすりを選択して，表面処理を行う。	★工具，機器，やすりの種類を考えさせ，仕上げの手順を整理させる。 ★必要に応じて防塵マスクとゴーグルを着用させる ★塗装は，ニス，水性塗料，缶スプレーを選択させる。 ★塗装が皮膚や衣服に付かないように注意させる。

授業内容

（1） 製作準備

① プレ実習

のこぎりびきの技能や作業時間は個人差が大きく，部品の寸法のずれが製品の完成率に大きく関わるため，教師の師範や動画教材を利用して安全かつ適切な使い方を説明する。

次に，材質が堅いラワンと材質が柔らかいスギの二種類の練習材を用意し，のこぎりを引くときに力を入れた方が切断効率がよいことや，板材との角度を変えたり，柄の持ち手の場所を変えたりすることで切りやすさや切断スピードが変わることを体験的に学ばせる。

また，ペア学習とし，姿勢や視線などをお互いに点検させることで，より適切なのこぎりの

使い方を把握させる。体格が小さい生徒については，のこぎりの柄の持つ部分を限定せずに，どの部分を持つことが自分に適しているか考えさせる。

② 製作実習のシミュレーション

製作において最も重要なのは作業の段取りである。製作品完成までの作業全体の流れを把握し先を見通せる力，どの程度正確に作業が進んでいるのかを把握する力が求められる。

また，製作に関する知識の定着が，作業途中の自己分析や学び合いの規準，完成率の向上につながるため，生徒全員のレディネスチェックと補足説明をしておくことが大切である。

材料については，個人の技能や使用方法に応じて，集成材（堅いが繊維方向なし）とスギ（やわらかいが繊維方向あり）の二種類から選択できるようにする。

はじめに，作成した完成図（図2）と設計図（図3）を基に，部品の組み立て，接合，仕上げをイメージ（図4）させながら製作工程表（表1）を作成させることで，設計した製作品の構造を確認させるとともに，製作に必要な工具や機器，指示した製作時間内での作業時間配分を考えさせる。

次に，グループワークを通して作業工程を確認させ，使用工具や作業時間の適正化を図る。

また，部品が欠けたとき，部品の寸法がずれたとき，組み立てがずれたとき，釘打ちを間違えたときなどの対応策と，けがをしやすい作業場面について話し合わせる。

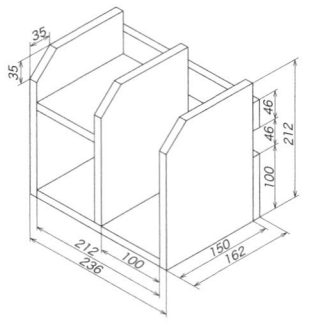

図2　完成図

表1　製作工程表

	製作の段階	内容	使用工具・機器	時数
1	製作準備	材料取り図 製作工程表	・定規	3
2	けがき	けがき 検査・修正	・さしがね ・直角定規	2
3	材料取り 部品加工	切断 切削 穴あけ 検査・修正	・両刃のこぎり ・かんな ・クランプ ・木工用やすり ・のこやすり ・ドレッサ ・ベルトサンダ	6
4	組立・接合	仮組立 釘打ち 検査・修正	・さしがね ・直角定規 ・きり ・げんのう ・くぎ ・釘締め ・釘抜き ・木工用ボンド	2
5	仕上げ	下地づくり 塗装 設計図と比較	・との粉 ・紙やすり ・水性塗料 ・はけ	2

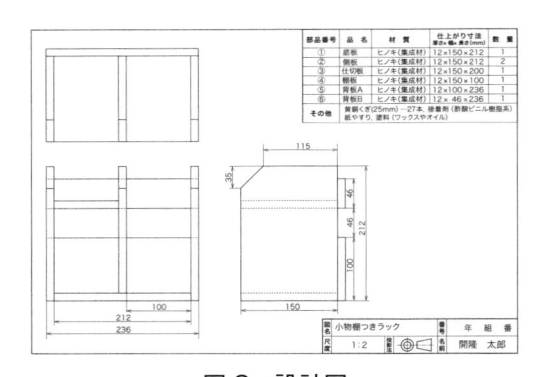

図3　設計図

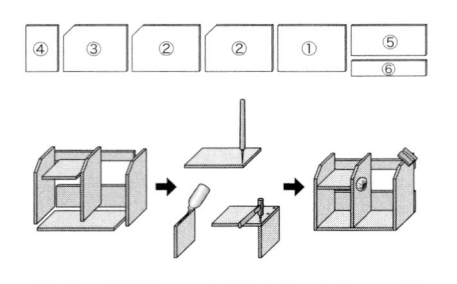

図4　部品加工と組み立てイメージ

（2） けがき

　さしがねを用いて，正確かつ素早く平行線を引くための使い方を示範するとともに，実際にさしがねを使って使用方法を確認させる。

　次に，部品の寸法を確実に確保するために，切りしろ・削りしろ（図5）の幅があることを理解させ，完成図と設計図を基にけがきに取り組ませる。

　予想されるミスとして，切断面が斜めになってしまったり，切断線からずれ過ぎて仕上がり寸法線からはみ出してしまったりすることがあるため，技能に応じて，切りしろ・削りしろを1～2mm程度多めに確保したり，こばやこぐちにもけがきをさせたり，両面にけがきをさせたりすることで，切断の正確さを向上させ，部品の寸法を確保させるよう努めさせる。

　けがき後は，他の生徒と相互に検査させることでミスを防がせ，切断に入る前に指導者が点検・評価し，状況に応じて修正させる。

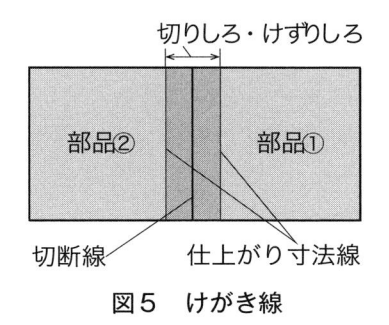

図5　けがき線

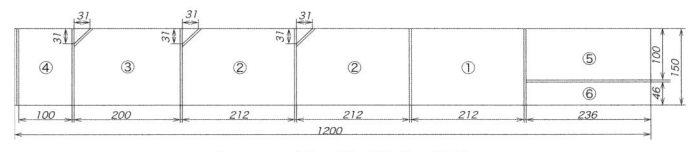

図6　材料取り図（例）

（3）　材料取り・部品加工
①　のこぎりびき

　はじめに，教師が成功例と失敗例の師範を見せた後，ペアで姿勢をチェックさせる。また，切断後の部品確保のために，切断線からずれても仕上がり線までずれないことが重要であることを確認する。

　正確に切断するために，切りはじめ（図7）に切断線からずれないこと，切断面が垂直になる必要があること，正確に切りはじめるために，安全に配慮しながら，あて木または親指のつめや第一関節をあて，のこ身のものとの方を使って軽く押しひき溝をつくることを理解させる。また，のこぎりびきの角度，引く強さとはやさ，使用する刃わたりの幅を確認させながら，正確かつ素早い切断を心掛けさせる。

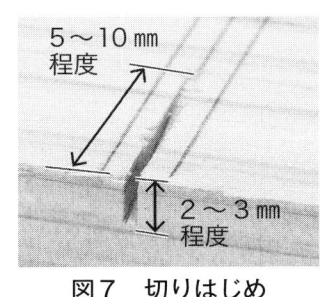

図7　切りはじめ

　切断方法は，片手びき，両手びき，工作台やいすにクランプなどでしっかりと固定して切断など，自分の技能や切断しやすさを基に判断させる。両刃のこぎりの刃の選び方について，縦びき刃は切断スピードがはやくなるように刃先が加工されているが，体格の小さい生徒や力が不足している生徒は材料の引っかかり感が強く，上手に使用できないことが想定されるため，繊維方向に平行に切断する際でも，自分の技能に合わせて横びき刃を使用してもよいことを伝

第2節　A 材料と加工に関する技術科教育　　53

える。

　また，切断スピードをはやくし過ぎると，正確さに欠け，事故につながる可能性もあるため，安全を確保しつつ効率のよい切断スピードを体感させる。

　もし，仕上がり寸法よりも外側を切断してしまい，部品の寸法が確保できない状況になった場合は，設計図の修正案を考えさせる。

② **切削・やすりがけ**

　かんながけの際，材料に押しつけながら均一にまっすぐ削るイメージを持たせるために，成功例と失敗例の師範（図8）や映像教材でポイントを理解させる。かんなの刃先を調整する際は，見本を置くようにし，生徒が調整した後は指導者が必ず確認する。また，かんながけの練習コーナーを設置し，かんなの削り具合を確認できる環境をつくる。

　かんながけは，部品を正確な寸法に仕上げることを目的とするが，同じ高さや長さの部品が複数ある場合は，設計図の寸法よりも，両方の寸法を合わせることが優先事項であることを理解させ，もし，片方の部品の寸法がずれてしまった場合は，組立の際にゆがまないように，臨機応変に寸法を再修正するように指示する。

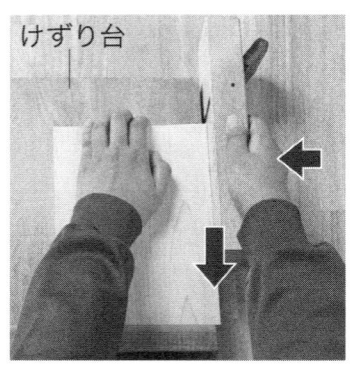

図8　かんながけ

　こぐちやこばのかんながけは，板材を手で押さえるときに親指の先を削ってしまう事故が想定されるため，板材を押さえる位置を確認しながら削らせるようにする。

　木工用やすり・のこやすりでこぐちやこばを削る際は，接合面が丸くなってしまうことが多いため，削りの仕上げはかんながけと紙やすりで行うことを認識させる。

　機械加工を許可する場合は，手工具による加工と比べて加工精度が高く作業能率は高いが，危険性も高いため，安全な作業の進め方を徹底させる。

　部品が欠けてしまったら修復可能かどうか，設計図の寸法を見直すかどうか考えさせる。

(4) **組立て・接合**

　まっすぐに釘を打ち込めない生徒，まっすぐに下穴をあけられないミスが多いことが予測されるため，部品の破損を防ぐために練習材を用意してプレ実習を行わせる。

　はじめに，仮組立てをしながら接合が的確にできるよう部品の精度を点検させ，必要に応じて修正させる。次に，製作品の部品相互の関係及び組立て順序を確かめさせるとともに，順番を間違えると接合ができない場所を確認させる。下穴あけのけがき（図9）を行う際は，ペアで仮組立を行い，接合部の適切な箇所に印がついているか確認する。

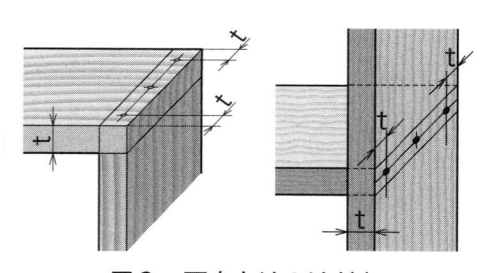

図9　下穴あけのけがき

釘打ちの作業の際，こぐちの割れや打ち込み箇所のミス等の修正については，部品に傷を増やさないように釘を抜く方法や，穴を埋める方法を確認する。

(5) 仕上げ

下地づくり（図10）は，きれいに塗装する上で必要な作業であることを認識させるために，下地づくり前の部品と下地づくりを終えて紙やすりをかけた部品を用意し，実際に触れさせて体感させる。機器があれば，拡大写真や映像で表面の様子を提示する。

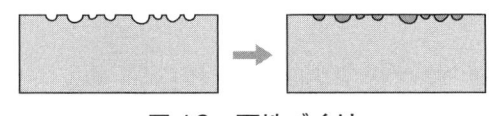

図10　下地づくり

塗装は，はけ塗り（図11）を基本とするが，必要に応じて吹きつけ塗りを許可する。

はけ塗りの際は，製品の構造から塗りやすい順番を考えさせるとともに，繊維方向を確認して作業させる。

製作品が完成した後は，設計図と比較させることで，作業の正確さや仕上げの良さについて自己評価を行うとともに，相互評価を通してお互いに頑張った点を認め合うことで，自己肯定感と満足感を高めるように配慮する。

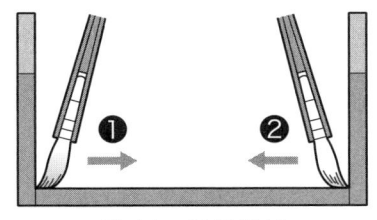

図11　はけ塗り

まとめ・考察

技術・家庭科の製作実習は，本来，アクティブ・ラーニングが基本であるはずだが，履修時間の制限や生徒の経験値の低さによる作業進度の遅れから，気づかせたり，考えさせたり，話し合わせたりする時間を省いてしまい，指示を中心に進めてしまいがちである。

しかし，製作実習は，工具や機器の使い方を体験するだけでなく，工具を開発・改良してきた先人の知恵や，より効率や精度を上げるために開発されてきた機器の歴史など，製作技術の一端を体験的に学ぶという視点と，自ら計画し，計画を実行するためのプランを立て状況判断しながら実践することも重要である。特に，設計図や製作工程表は，自分の思考・判断の結果を他者へ伝えるため，もしくは多人数へ一斉に伝え大量生産するために不可欠である。

本題材では，工具の仕組みを理論的に理解した上で，工具の使い方を意識して使用すること，事前学習で習得した知識をもとにペア学習やグループワークで話し合うことで，自己分析を深めたり，製作に関する技術の理解を深めたりすることを重視した学習とした。

限られた履修時間の中，実習時間も制限されるが，製作の段取りを自ら考え，製作の中で生じる課題の解決策を考えさせながら，個人が工夫できる要素を踏まえつつも完成率の高い教材を選定することで，製作意欲と満足感の得られる製作学習にしていきたいものである。

（工藤　哲）

第2節　A 材料と加工に関する技術科教育

❹ 材料づくりから始めるものづくり実践
指導時数　13時間　　実習教材「置き時計，マグネット」

◆ 題材設定の理由とねらい ◆

　我が国は，国土面積に占める森林面積の比率が7割弱で，フィンランド，スウェーデンに次ぐ世界第3位の森林率を有している。この豊富な森林は，光合成によって大気中の二酸化炭素を吸収して生長しており，我が国の森林の4割を占める人工林は，地球温暖化抑制のための二酸化炭素吸収源として認められている。

　大気中の二酸化炭素を吸収して生長した木材は，燃焼等によって大気中に二酸化炭素として戻ったとしても，木材となった炭素が大気中に戻るだけなので，1本の木材のライフサイクルにおいては，大気中の二酸化炭素量の増減はプラスマイナスゼロであるという「カーボンニュートラル」な材料と考えられている。また，50年間育った樹木を伐採し木材として利用する際は，伐採後植林した樹木が再び木材として利用できるようになるまで炭素を大気中に戻させないようにする必要があるため，少なくとも木材として50年間使用する必要がある。木材使用量の多い住宅で考えてみると，日本の住宅の平均寿命は約30年と言われているので，「住宅を修理等して長く使う」，「住宅廃材を再使用する」，「住宅廃材を再資源化して利用する」等の対策を行い，木材をより長く使っていく必要がある。

　ゴミの分別やガラス瓶，アルミ缶，ペットボトル等のリサイクルは，生活や小学校での学習などで触れる機会が多いが，木質廃棄物についてはあまりなじみがないと思われる。また，中学校技術・家庭科の技術分野の「A　材料と加工に関する技術」において，パーティクルボード，ファイバーボードなどの木質材料について学習するが，それらが，どのような材料でどのような工程を経て製造されているかまで学習しているところはほぼない。

　中学校技術・家庭の学習指導要領では，前学習指導要領の「A　技術とものづくり」から「A　材料と加工に関する技術」へとかわり，「材料の特徴と利用方法を知ること」という項目が新たに加えられた。そこでは，利用する材料の特徴を良く理解し，その特徴を生かしたものづくりをする態度の育成が求められている。

　パーティクルボードは，主に木質廃材から製造することから木材のライフサイクルを意識できること，材料の特徴だけでなく製造の工程まで学ぶことができるため，「材料に関する技術」において学びを深めやすい材料である。

　そこで，本題材では，①日々の生活から出た木質廃材（廃割り箸）をリサイクルしてチップ

図1　一般的なパーティクルボード

を作る，②そのチップと水，接着剤（酢酸ビニルエマルジョン系接着剤）を混合して加熱成形し簡易的にパーティクルボードを製造する，③製造したパーティクルボードでものづくり活動（置き時計，マグネット）を行うことの3工程を通して，指導上別々の内容になってしまいがちな「材料に関する技術」，「加工に関する技術」を通して学ぶことを目的とした。また，木質材料は，利用する目的に合わせて，強度や品質を決めて製造するという特徴があり，今回のパーティクルボード製造では，ものづくり活動で製作する「置き時計の文字盤」，「マグネット」に必要な強度や品質を考慮し，チップ，水，接着剤の配合や加熱成形の方法を変えることで，木質材料の設計を学ぶこともできる。さらに本題材は，小中学校にある，もしくは教員が簡単に手に入れることができるものや機器だけで実践することが可能であり，経済面でも負担は小さく，製作技能もそれほど高度なものではないため，小学校でも実施可能である。

◆ 題材の特色 ◆

○ ものづくりで使用する材料を木質廃材からリサイクルして自ら設計，製造することができ，木質廃棄物や木質材料のフロー，循環型社会の形成について理解することができる。

○ 身の回りにある材料や機器を用いた簡易的なパーティクルボードの製造工程を通して，実践的・体験的に世間で使われているパーティクルボードの特徴を理解することができる。

○ 座学で学ぶ「材料に関する基礎的・基本的な知識」を実践的・体験的に学ぶことができ，「持続可能な社会の実現」のために社会ではどのような取り組みがなされているかを理解することができる。

○ 「材料の特徴」に関する知識を活用しながら，製品や建築物などに見られる「材料の特徴」を生かしたものづくりを理解することができる。

◆ 題材の展開 ◆

題材：「木質廃材からパーティクルボードを製造しそれを利用してものづくりをしよう。」
　　　　全13時間
指導項目・事項：内容「A　材料と加工に関する技術」（2）ア・イ・ウ（3）ア・ウ

授業展開例

学習項目	学習内容・手順等	指導のポイント
材料の特徴 （3時間）	●世の中で使われている製品の材料について考える。 ●木材，金属，プラスチックの特徴と違いを理解する。 ●木材が元々樹木であったこと，光合成によって吸収した大気中の炭素が樹体になっていることを理解する。	★身近な製品をあげさせ，その製品に使われている材料を考えさせる。 ★特色のある特徴に注目させ，その特徴がどのように世の中で活かされているか考えさせる。

		●木材の無垢材と木質材料の違いについて理解する。 ●木質廃材とそのフローについて理解する。	★光合成によって何が行われているかを理解させる。 ★パーティクルボードが木質廃材を用いて製造されているリサイクル品であることを理解させる。
チップの製造 （置き時計， マグネット） （2時間）		●衛生に考慮して，廃割り箸を洗浄する ●安全に配慮してチップを製造する。	★廃割り箸を洗浄させることでリサイクル工場の困難な状況を理解させる。
パーティクル ボードの 製造と評価 （2時間）		●チップ，水，接着剤を混合する。 ●混合物をボードの型に入れ，加熱成形する。 ●乾燥したボードを型からはずす。 ●完成したボードの形状や硬さ，表面の状況を他者（他班）と比較し，設計した配合割合の是非を検討する。 ●ボードを塗装する。	★混合する材料の重量を正確に計量させる。 ★隙間ができないよう丁寧に型に押し込ませる。 ★加熱成形に使用する機器でのやけどに注意させる。 ★設計の自己評価をさせる。 ★塗装の際は換気に注意させる。
マグネットの製作 （2時間）		●ボードで余った混合物を型に入れ，加熱成形する。 ●乾燥したマグネットを型からはずす。 ●マグネットを塗装する。 ●裏に磁石を貼り付ける。	★隙間ができないよう丁寧に型に押し込ませる。 ★加熱成形に使用する機器でのやけどに注意させる。 ★塗装の際は換気に注意させる。
置き時計の製作 （4時間）		●枠材のけがき，切断，部品加工を行う。 ●時計の数字にあたる棒材のけがき，切断，部品加工を行う。 ●塗装したパーティクルボードの中心に穴をあける。 ●ボードと枠材を組立てる。 ●ボードに時計の機械，針，数字にあたる木材を貼り付ける。	★縦向きに配置する材と横向きに配置する材を間違えないように気をつけさせる。 ★枠材の切断面が直角になるようけがきは4面にさせる。 ★数字の木材の厚さに注意させる。

授業内容

（1） 材料の特徴

① 世の中の製品に使われている材料の確認

　一つの製品で複数の材料が使われているような身近な製品をいくつか挙げ，グループ学習等で意見を出し合いながら，使われている材料とその意図についてまとめさせる。また，箸のように木材，金属，プラスチックそれぞれで作られるような製品についても挙げ，同様に使われている材料とその意図についてまとめさせる。

　また，身近にはあるものの，使われている材料に関する知識があまりないもの，例えば，生分解性プラスチックや繊維強化プラスチックなどについて，その特徴を学習させる。

② 木材，金属，プラスチックの特徴を比較

　木材がもともと生物材料で，光合成によって大気中の二酸化炭素を取り入れて樹幹を形成していることに触れ，地球温暖化の抑制に貢献していることを学習させる。また，各材料が特徴的に持っている代表的な性質，例えば，木材－異方性，金属－展性・塑性，プラスチック－熱硬化性，熱可塑性について理解させ，その特徴的な性質を活かして作られた製品について挙げ，その特徴がその製品を使う上でどのように活かされているか考えさせる。

③ 木材の無垢材と木質材料

　木材は，生物由来材料でもともとは樹木である。無垢材は，その樹木を製材・乾燥して使用するもので，強度や品質等にはバラツキがある。木質材料は，使用目的が決まっており，その使用に必要な強度や品質をクリアするように設計・製造されていて，小径材からエレメント（構成材料）を取りそれを接着することでより大きな材を作ることができる。また，木質廃材を再資源化したものを原料として作ることができる。よって，無垢材にくらべ品質の安定性が高く，より大きな建築物の材料（柱や梁）を作ることができるのが特徴である。しかし，パーティクルボードやファイバーボードのように，チップやファイバーを接着剤で固めたものは，無垢材が持つ，木目が人間に与える見た目の特徴という良い面を失うことから，表面に木目のあるフィルムや付き板を接着して補っていたりする。以上のように，特徴的な点に注目しながら，無垢材と木質材料の違いやそれぞれの材料の利点について理解させる。

④ 木質廃棄物のフローとパーティクルボード

　木材は，主に住宅や家具等に使われ，いずれ壊され木質廃材となる。木質廃材は，木質廃棄物処理工場に運ばれ細かく破砕されてチップとなる。チップは，紙用のパルプや，ボードの材料としてマテリアルリサイクルされ，マテリアルリサイクルできないものは，サーマルリサイクルにまわされる。

　木質材料の一つであるパーティクルボードは，前述の住宅廃材，家具廃材の他に，枝，葉，幹等の生木，パレット，型枠用合板，松杭等を原料としたチップにより製造されているマテリ

アルリサイクル品であり，とても環境に優しい材料である。パーティクルボードは，マンションの床下や家具材等に使われており，私達の暮らしを支えている。パーティクルボードを例としながら，木質廃材のフローやマテリアルリサイクルについて理解を深めさせる。

（2） 簡易的なパーティクルボード，マグネットの製造
① 材料と事前の準備
　本題材の簡易的なパーティクルボード，マグネットの製造に必要な材料と道具，事前の準備等は以下の通りである。材料は，パーティクルボード１枚，マグネット２個分である。

○材料：廃割り箸５膳（20g）（マテリアルリサイクルという内容から廃割り箸が好ましいが，衛生的に難しい場合は新品でも良い。），酢酸ビニルエマルジョン系接着剤30～40g，水10～20g，合板（125×125×9mm），磁石

○用具：手回し式の鉛筆削り（電動ではない方が良く，大型のものが良い。），ボウル，紙コップ，重量計，ホイルシート，クッキングシート，ガムテープ，塗料，刷毛，クッキー型，ホットプレートもしくは電子レンジ，ぞうきん，軍手，ホットメルト接着剤，グルーガン

○事前の準備
　合板から110×110mmの正方形をくり抜き，図２のようにロ型の合板にホイルシートを巻く。また，抜いた方の合板にもホイルシートを巻く。また，クッキー型の内側にガムテープを貼っておく。

図２　ホイルシートを巻いた合板の枠

② 設計
　材料に示した分量の範囲で接着剤，水の量を変化させても，今回のパーティクルボード，マグネットに必要な品質は満足できるので，班や個人ごとに分量を決定し，様々なボードを製造させ，その特徴を比較することができる。水が少ないと接着剤が満遍なくまわらず品質にバラツキが出て，接着剤が少ないとパサついたボードになる傾向がある。また，水や接着剤が多すぎると混合物を型に詰める際にべちゃべちゃで作業効率が悪く，加熱成形時に膨らみやすくなる傾向がある。いろいろな配合でチャレンジしてもらいたい。

③ 廃割り箸のチップ化
　廃割り箸を洗浄し，十分に乾燥させる。割り箸を割り，鉛筆削りで削る。鉛筆以外の物を鉛筆削りで削っているため，その取扱には注意が必要である。また，チップが目詰まりした際は，鉛筆削りを分解して詰まったチップを取り除く必要がある。

④ チップ，水，接着剤の混合，加熱成形

　ボウルに接着剤を入れ，水を加えて良く混ぜる。そこに少量ずつ割り箸チップを加えて水と接着剤が全体になじむように混ぜ合わせ，余分な水分を搾る。この作業を数回繰り返して，割り箸チップ全量を水，接着剤と混ぜ合わせる。

　薄い木材（合板等）の上にクッキングシートを敷き，図2のホイルシートを巻いた合板を載せ，図4のように枠の中にチップ混合物を詰め込む。事前準備でくり抜いた合板で押し，図4のように表面を平らにする。

図3　材料の混合の様子

図4　チップを詰めた合板

　チップ混合物を合板の枠ごと加熱成形する。
（1）電子レンジを使用する場合は，枠ごと電子レンジに入れトースター機能で片面5〜7分程度加熱する。片面加熱後，両面加熱後に取り出して温かいうちにくり抜いた合板で押さえつけると厚さを一定にでき，薄く密度の高いボードとなる。
（2）ホットプレートを使用する場合は，ホットプレートにホイルシートを敷き，そこにチップ混合物を詰めた合板を枠ごと置き，180〜200℃で片面1〜2分程度加熱する。水分が蒸発するに伴ってチップ混合物が膨らんでくるので，くり抜いた合板で押さえつけながら加熱すると厚さを一定にでき，薄く密度の高いボードとなる。

※上記以外にアイロンのドライ・高温（180〜210℃）設定で加圧・加熱することも可能である。

　加熱成形したチップ混合物は，冷めてから合板枠からはずす。できればその後数日養生期間を設けると，チップと接着剤がよくなじみ性能が良くなる傾向がある。

　必須事項ではないが，完成したパーティクルボードの表面からチップが細かく剥離していくので，それを抑えるため塗装をすると良い。絵の具でも良いが，できれば水性のアクリル塗料等の塗膜が強いものが良い。

図5　自作したパーティクルボード

⑤ マグネットの製作

　パーティクルボードの製造で余ったチップを事前に内側にガムテープを貼っておいたクッキー型に詰めてパーティクルボード製造と同様に加熱成形する。型に詰める際に型の底に磁石

第2節　A 材料と加工に関する技術科教育　61

を置いてチップ混合物を詰め，加熱成形前にはずし，加熱成形後ホットメルト接着剤などで接着して完成。

(3) 置き時計の製作
① 材料と道具
○材料：自作したパーティクルボード，板材A（300×50×12mm），板材B（250×50×12mm，幅9mm×深さ4mmの溝入り），時計のムーブメントセット（図6），径4～10mmの棒材2種類，酢酸ビニルエマルジョン系接着剤，ホットメルト接着剤
○用具：さしがね，直角定規，両刃のこぎり（胴付きのこぎりの方が作業しやすい），ドレッサー，木工やすり，紙やすり#240，ひも，グルーガン

図6 時計のムーブメント

② 枠材，棒材のけがき・切断・部品加工など

時計の枠材となる板材は，板材Aを長さ126mm，板材Bを長さ110mmになるようにけがき，切断，部品加工を行い図7のように仕上げる。ここでは，さしがねを用いての垂直線の引き方，直角定規を用いての切断線，仕上がり寸法線を4面すべてにけがく方法，正確に作業できているか検査することも指導する。切りしろは，生徒それぞれのスキルに応じて設定する。今回の部品加工では，平かんなを使わずドレッサー，木工やすり，紙やすり等を用いるので，そのことも考慮して切りしろを設定したい。

図7 板材A（左），板材B（右）

切断は，両刃のこぎりか胴付きのこぎりで行うが，4面けがくことで垂直に切ることを意識して切断の作業をするよう指導する。

部品加工は，それぞれ2枚を組み合わせて作業するなど，作業効率についても指導したい。

時計の棒材は，時計の針にひっかからないよう厚さ3～5mmでけがき，切断する。細かいバリなどは紙やすり#240などで取り除く。

パーティクルボードは，図6のムーブメントの軸が通るように径8mmで穴をあける。また，サイズが110×110×9mmになっているか検査し，縦横が大きい場合は紙やすり等で削り調整し，厚さが厚い場合は，端の4mmの部分だけを紙やすり等で削り調整する。

③ 組立て，仕上げ

　パーティクルボード，枠材を仮組みし，パーティクルボードが大きくて不具合がある場合は，前述のように再調整する。仮組みで問題がなければ，接着剤を用いて接着する。必要とされる強度から考えると釘接合やねじ接合を行う必要はないが，釘打ち，ねじ回しの作業を指導する場合は，それらの作業を加えても良い。接着剤で接着し，ひも等使って圧着させる。

　次に時計のムーブメントをホットメルト接着剤で接着する。ホットメルト接着剤が固まってから，時計の針（短針，長針，秒針）をつける前に，数字の位置を決めて棒材を切断したものを接着剤で接着する。

図8　完成した時計とマグネット

まとめ・考察

　本題材では，ものづくり活動で使用する材料を「木質廃材のフロー」の学習，「木質廃材のリサイクル」の学習，「簡易的なパーティクルボード」の製造を通して，日頃，座学で学ぶ「材料に関する技術」の内容をアクティブ・ラーニングとして実践的・体験的に学習する内容とし，その実践で製造したパーティクルボードを用いてものづくり活動を行えるように設定した。現行の学習指導要領の「A　材料と加工に関する技術」では，「材料」と，「加工」の両者の指導を行うことになったが，実際には「材料」で学習した内容がそのまま置き去りにされたまま製作実習に移行し，「材料」で学んだ内容が全く生かされていないように感じていた。これでは，せっかく「材料」で学んだことが何だったのかと生徒も感じるであろうし，その後に生かされないのであれば，その知識の定着も危うい。

　本題材では，木質廃材のリサイクルを通して「材料と加工に関する技術と社会・環境，産業・経済」について，学習することができる。我が国は，かねてより資源に乏しく，海外から資源を輸入し，「材料に関する技術」，「加工に関する技術」を最大限に発揮して世界でも有数のものづくり大国と呼ばれるまでになった。本題材をもとにして，木材・木質材料だけでなくレアメタル等の世界の資源についても考え，材料を大切にし，製品を大切に長く使っていく態度を身につけてもらいたい。

（小林　大介）

第3節　B エネルギー変換に関する技術科教育

❶ 回路設計力を育む思考ツールの活用
―思考力・判断力・表現力からメタ認知的自己評価力の育成まで―
指導時数　10～12時間　　指導事項　B（2）ア，イ

◆ 題材設定の理由とねらい ◆

　エネルギー変換に関する技術を利用した製作品の設計・製作では「製作品の使用目的や使用条件を明確にし，それらに適したエネルギーの変換方法や力の伝達の仕組み，構造や電気回路を選択できるように指導する」[1]ことが求められている。従って，電気エネルギーを利用した製作題材の場合，全ての生徒が同じ回路となるような画一的な内容では，ここで求められている本質的な設計能力を身につけさせることはできない。つまり，製作題材には回路設計の要素が求められる。しかしながら，個々の生徒に使用目的・使用条件に即した回路を設計させることは容易ではない。国立教育政策研究所[2]は，電気回路のしくみについての理解の状況と，電気機器の仕組みについての学習意欲に課題があるとの調査結果を示している。そして，それらの課題解決には，基本的な電気回路を重点的にとりあげ関連する原理や法則が具体的にどのような機器に生かされているか取り上げるような配慮が大切であると示唆している。

　これらの背景を受け，筆者らは基礎的・基本的な知識・技術の定着からわかる喜びを実感させる要素と回路設計の要素を両立させた製作題材を開発している[3,4]。本稿では，その実践の中から設計学習を効果的に展開させるためのアクティブ・ラーニングに着目した。具体的には，回路設計力を育むための思考ツールや，相互評価をフィードバックさせた独自の自己評価法を紹介する。本稿を通じ，思考力・判断力・表現力からメタ認知的自己評価力の育成までを目指したアクティブ・ラーニングの実践を示したい。

◆ 題材の特色 ◆

　本稿では，「設計・製作」の指導事項に焦点を当て本題材の特色を述べる。主な特色は，オリジナルの製作題材と2種類のアクティブ・ラーニングである。それら3点を以下に示す。

（1）　回路設計の要素を取り入れた製作題材

　製作題材は，筆者らが開発した「オリジナルLEDランプ」[3,4]を採用した。オリジナル

表1　オリジナルLEDランプの使用部品

No	部品名	No	部品名
1	電池006P（もしくは単3乾電池3本）	5	トグルスイッチ（3ピン）
2	電池スナップ（もしくは電池ボックス）	6	プッシュスイッチ（モーメンタリタイプ）
3	LED　2個（色，定格は適宜選択）	7	部品ケース
4	抵抗器 2個（電圧・LEDの定格に即したもの）	8	回路を取り付けるケース（※生徒が各自で持参）

※不要になったプラスチックケース，缶ケース，小物入れなどの日用品をリユースさせる

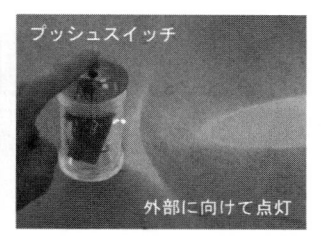

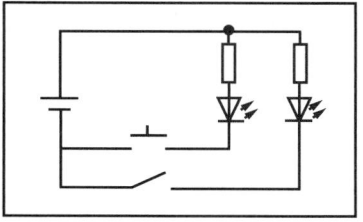

図1　生徒による製作品の例とその回路図

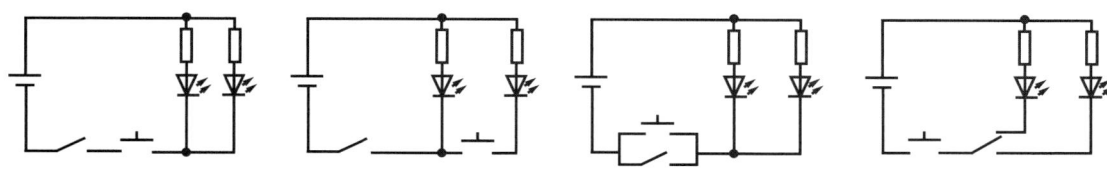

図2　想定される回路設計の例

LEDランプの使用部品を表1に示す。この製作題材は，2個のLEDと，機能が異なる2種類のスイッチによって数種類の回路が設計できるようにしている。スイッチは3ピンのトグルスイッチとモーメンタリタイプの（押している間だけ通電する）プッシュスイッチを採用している。生徒による製作品の例を図1に示す。図1の作品は，トグルスイッチで内部のLEDを点灯させ「飾りランプ」として利用することを主な目的としている。また，プッシュスイッチを押すことで外部のLEDを点灯させることもでき，非常時の懐中電灯としての機能も意図して設計している。この製作品では，回路を取り付けるケースとして不要になった醤油差し（プラスチック製）をリユースしている。その他，想定される回路設計の例を図2に示す。

（2）技術分野特有の思考ツール

本題材では，回路設計に向けたトレーニングとして，課題解決学習を設定している。この学習は，製品の機能から回路図を予想させる学習であり，グループで協力して製品の機能に即した回路を考えさせるものである。その際，図記号や回路図を用いて回路を考えるたの支援となるよう，図3に示す回路推考用のパフォーマンスボードを考案し，アクティブ・ラーニングの思考ツールとして用いた。

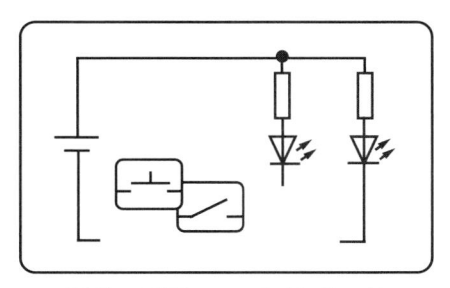

図3　パフォーマンスボード

（3）FSEを用いたメタ認知的自己評価力の育成

「設計・製作」学習の終末に，FSE（Feedback Self Evaluation）を行う。FSEは，筆者らが開発した，相互評価をフィードバックさせる自己評価法であり，「自己の成果を自己評価した後，相互評価によって再認識した成果や課題を再び自己評価に反映させる方法」[5]と定義している。本稿では，FSEを，設計・製作におけるメタ認知的自己評価力を高めるためのアクティブ・ラーニングとして位置付ける。

題材の指導計画（設計・製作）

ここでは，「設計・製作」の指導事項に焦点を当て，本題材の指導計画（10時間）を下表に示す。アクティブ・ラーニングに該当する箇所は下線とALの記号で示している。

事項	学習内容・手順等	指導のポイント
設計（4時間）	●身近にある電気製品の動作からその回路を考える ・グループによる課題解決学習：※AL（設計練習）。 ・個人による課題の解決	★回路推考用のパフォーマンスボードを用いる ※p.67〜69に実践事例
	●オリジナルLEDランプの回路設計を行う ・使用目的・使用条件を考える ・設計要素と制約条件を踏まえ回路を設計する	★ワークシートに回路図と説明文を記入させる
	●オリジナルLEDランプを構想する ・設計要素と制約条件を踏まえて構想図を作成する	★ワークシートに構想図と説明文を記入させる
	●構想図の真正性を高める ・グループ内で構想図を発表する：AL ・各自で構想図を再検討する	★必要に応じてFSEを行わせる （p.70の(2)に説明）
	●回路図をもとに実体配線図を考える ・想定される回路設計例（図2）の実態配線をグループで考える：AL ・自分が設計した回路図の実態配線図を作成する	★実態配線図用のパフォーマンスボードを用いる
製作（6時間）	●回路を製作する ・各部品とコードを接続する ・各部品のはんだづけを行う ●回路点検と調整を行う ・目視にて実態配線図との整合性を確認する ・回路計を用いて各部の導通検査を行う	★実態配線図の上で部品とコードを並べさせ配置を確認してからはんだづけをさせる ★点検項目を示した表を準備する
	●製作品を完成させる ・各自で持参したケースにLEDとスイッチを取り付けるための穴をあける ・回路をケースに取り付ける ・動作確認及び調整を行う	★穴あけ加工が必要なので持参させるケースはプラスチックや木材などが適している（ケースを持参できない生徒は部品ケースをリユースさせる）
	●「設計・製作」学習のまとめ ・グループ内で製作品の発表を行う：※AL ・学習のふり返り成果と課題をまとめ	★FSEを行わせる ※p.70に実践事例

授業内容

　ここでは，実践した「設計・製作」の学習の中からアクティブ・ラーニングに焦点を当て，その授業内容を示す。本実践で取り入れたアクティブ・ラーニングは，「技術分野特有の思考ツールを用いた課題解決学習」と「FSEを用いたメタ認知的自己評価力の育成」の２点である。

◆技術分野特有の思考ツールを用いた課題解決学習 ◆

　本学習は，「身近にある製品の動作からその回路を考える」というものであり，指導計画（p.66）の１時間目に相当する。この学習は，身近にある電気製品の動作からその回路を予想させるものである。正確には，その電気製品の機能をＬＥＤの点灯で表現した「動作モデル」の回路図を予想させる学習であり，グループで課題解決を目指すものである。この授業は後に行う製作品の設計に向けたトレーニングに位置付けている。トレーニングは以下の３段階からなる。

（１）　第１段階：行うべき思考と課題意識の共有

　授業の導入段階で，自動ドア（足踏みスイッチ式）の動画を見せ電気回路を予想させる。その際，店が閉店している時は自動ドアが作動しないことに着目させ，メインスイッチと作動スイッチの二つのスイッチの存在を想起させる。次に，スイッチと作動の関係を実感させるための「動作モデル」を用意する。動作モデルとその回路図を図４に示す。この動作モデルは，二つのLED，トグルスイッチとモーメンタリタイプのプッシュスイッチからなる。トグルスイッチをオンにしてもLEDは点灯しないが，プッシュスイッチを押せばLEDが点灯する。これは自動ドアのメインスイッチと作動スイッチの関係に相当する。全員にこの動作モデルの回路を予想させた後，教師からパフォーマンスボードを用いて正解を示す。そして，本時の目標「身近にある電気製品の動作からその回路を考える」を伝え，本時で行うべき思考と課題意識を共有する。

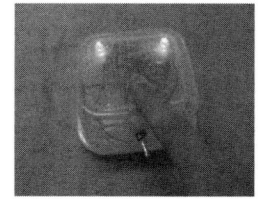

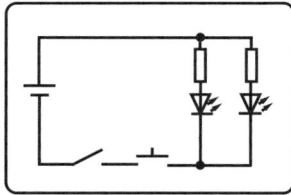

図４　動作モデルとその回路図

（２）　第２段階：グループによる課題解決学習

　動作モデルから回路図を予想する課題は生徒にとって難易度が高く，自力では解決できない生徒や，難しさゆえに関心・意欲が低下し判断中止に陥る生徒がいると予想される。そこで，課題をグループ単位で取り組ませ，協同で学びあうことにより，課題解決が容易になるとともに意欲低下による判断中止を防ぐことができると考えた。その際，図記号や回路図を用いた技術分野特有の思考ツールとして，回路推考用のパフォーマンスボードを用意した。以下に，パフォーマンスボードの説明とパフォーマンスボードを活用した課題解決を示す。加えて，クラス全体での課題解決の様子を示す。

① **パフォーマンスボード**

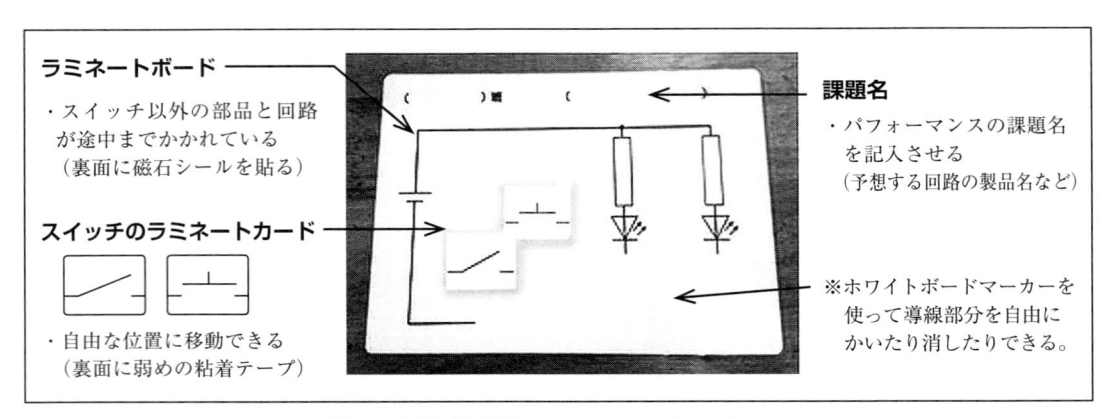

回路推考用のパフォーマンスボードを図5に示す。このパフォーマンスボードは，電源やLEDを印刷した用紙をラミネート加工したものであり，ホワイトボード用マーカーを用いて配線を何度もかき直すことができるようにしている。このパフォーマンスボードにより課題解決学習が効果的に展開され，生徒の思考力・判断力・表現力が育まれると考えている。

ラミネートボード
・スイッチ以外の部品と回路が途中までかかれている
（裏面に磁石シールを貼る）

スイッチのラミネートカード
・自由な位置に移動できる
（裏面に弱めの粘着テープ）

課題名
・パフォーマンスの課題名を記入させる
（予想する回路の製品名など）

※ホワイトボードマーカーを使って導線部分を自由にかいたり消したりできる。

図5　回路推考用のパフォーマンスボード

② **パフォーマンスボードを活用した課題解決**

グループによる課題解決学習では，思考ツールとして図5に示したパフォーマンスボードを活用した。生徒に提示した課題は以下の2つである。課題1は，「電気ポット」の回路を予想すること，課題2は「自動車のヘッドライト」の回路を予想することである。

ここでも，それら2つの課題の「動作モデル」を準備する。例えば，本物の電気ポットの場合，主電源を入れると電熱器が作動する。そして，押しボタンを押すと押している間だけモータが作動しお湯を排出する。その電気ポットにおけるスイッチと作動の関係をLEDで表現したものが「電気ポットの動作モデル」である（図6）。このモデルは，トグルスイッチを入れると1つのLEDが点灯する。そして，プッシュスイッチを押せば押している間だけもう一方のLEDが点灯するというものである。つまり，課題1は，図6の動作モデルの回路を予想するものである。なお，電気製品の実物ではなく動作モデルを用いるのは，実物の動作の本質的な部分を焦点化できること，LEDの点灯により通電状態が視覚的に捉えやすいことと，小型で弱電のため取り扱いが容易であることなどの理由からである。

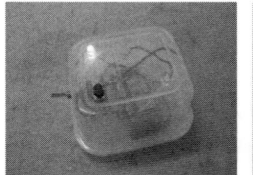

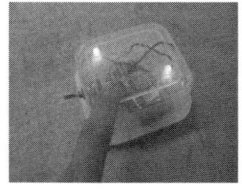

図6　電気ポットの動作モデル

課題解決はグループによる協同学習にて行う。その際，前述の動作モデルとともに，課題解決学習を効果的に展開させるための思考ツールとして図5に示したパフォーマンスボードを各グループに配付した。パフォーマンスボードを用いて思考する様子を図7，図8に示す。生徒は，動作モデルを手にしてスイッチとLED点灯との関係を確認しながら，グループで考えを出し合っていた（図7）。また，スイッチのカードを動かして配置を考えたり，ホワイトボー

図7　グループで考えを出し合う様子

図8　スイッチの配置を考える様子

ドマーカーを用いて導線部分をかいたり消したりして試行錯誤する様子が見られた（図8）。二つの課題に対する解答例（回路図）を図9に示す。

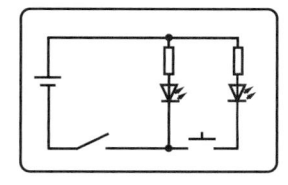

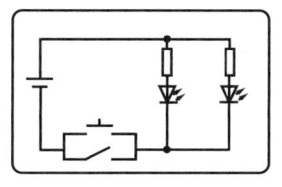

図9　解答例：課題1（左）と課題2（右）

③　クラス全体での課題解決

　グループによる課題解決が終われば，各グループから結果を発表させる。これは，クラス全体でそれぞれの解答の真正性について検討するものである。各グループのパフォーマンスボードを黒板に貼り，クラス全員でそれぞれの解答を比較する。そして，各グループからスイッチの操作とLED点灯の関係を説明させる（図10）。解答には「動作モデルに即して点灯するもの」，「点灯はするが動作モデルに即していないもの」，「動作モデルに即して点灯するが不要な配線があるもの」，その他，「ループの不成立」や「短絡」により点灯しないものなどが考えられる。教師は，各グループのパフォーマンスについて一方的に正誤を説明するのではなく，クラス全体に問いかけ考えさせる。不適切なものについては，「どこが間違っているのか」「どのようにすればよいのか」について，教育的タクトにより生徒から導き出させるように努める。

図10　回路を説明する様子

（3）　第3段階：個人による課題の解決

　グループによる課題解決学習が終われば，課題3として「車のワイパーとクラクション」の回路を個人で予想させる（図11に解答例）。同様に動作モデルを提示し，課題解決に取り組ませる。この段階は，グループ学習で引き上げられた能力を個人に帰結させるために設定している。状況に応じて課題数や難易度を調整する。

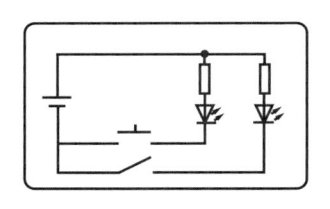

図11　課題3の解答例

第3節　B エネルギー変換に関する技術科教育　　69

◆FSEを用いたメタ認知的自己評価力の育成◆

本実践で取り入れたアクティブ・ラーニングの２点目は，「FSEを用いたメタ認知的自己評価力の育成」を目指した活動である。以下に，その実践事例を紹介する。

（１）　FSE（Feedback Self Evaluation）の実践

FSEとは，メタ認知的自己評価力を高めるために筆者らが開発した手法であり，「自己の成果を自己評価した後，相互評価によって再認識した成果や課題を再び自己評価に反映させる方法」[5]と定義している。本実践におけるFSEの流れを図12に示す。

製作品が完成すれば，図12に示す「自己評価１」を行わせる。評価の観点は「使用目的・使用条件に即した機能と構造を満たしているか」，「その製作品は自分の生活にどのように役立つか」など，学習目標と生徒の状況に即して適宜設定する。自己評価１の後，グループ内で「製作品発表会」を行い各自の製作品の機能や有用性について発表させる。そして，それぞれの発表が終わればグループ内で製作品の「相互評価」をさせる。相互評価の様子を図13に示す。相互評価では，自分が気付かなかった問題や課題が見つかったり，反対に自分では気付かなかった良さが見つかったりする。その状態で，再度自分の製作品を見つめ直し，「自己評価２」を行わせる。自己評価２の様子を図14に示す。ここでの自己評価シートは上段に自己評価１を，下段に自己評価２をそれぞれ記入できるようにしている。自己評価２では，自己評価１で自分がどのように評価していたのかを再確認し，相互評価で得られた知見と比較しながら再評価を行わせる。

FSEにより，自己完結型・自己満足型の終結から脱却し，他者との関わりの中で自己を見つめ，自己を考え，自己の成果を客観的な裏付けのもとで評価できると考えている。つまりメタ認知的自己評価力の育成が期待できると考えている。

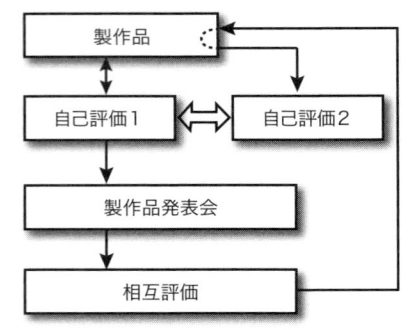

図12　FSEの流れ

図13　相互評価の様子

図14　自己評価の様子

（２）　FSEを用いた他の活用法

本題材では，少ない部品，簡単な回路，持参した既成のケースを用いた設計であるため，本稿による指導法で学習は成立する。しかし，さらに部品を増やして複雑な回路を選択させたり本体の構造を設計させたりする場合，製作品の真正性を高めるために構想図の段階でFSEを行わせる方法もある。また，設計に限らず様々な場面でFSEの活用が期待できる。

まとめ・考察

　近年，先進諸国の学力観を背景に国内の教育改革において，コンピテンシー（資質・能力）の育成が重要なキーワードとなっている。コンピテンシーとは単なる知識や技能ではなく，人間の能力全体を示すものと解釈されている。たとえば，知識や技能を活用して課題を解決する能力もその一つと言える。それらを育成するためには，教師による「教え込み型」の授業ではなく，「課題解決型」の授業が求められている。アクティブ・ラーニングは，そのような背景からその必要性が注目されるようになった。それらの背景を考慮すれば，アクティブ・ラーニングは課題解決学習の中で展開されるべきであり，思考力・判断力・表現力の育成を主眼とすべきであると筆者は考えている。また，アクティブ・ラーニングは，他者との関わりの中から自分を見つめ，自分を考える活動が設定できるためメタ認知の促進が期待できる。技術的能力においてメタ認知は重要な位置付けであるため，それらに働きかける要素もアクティブ・ラーニングの一視点として考慮したい。

　本稿では，筆者らが実践したアクティブ・ラーニングの中から，電気エネルギーを利用した製作品の「設計・製作」に焦点を当て具体的な指導法を示した。特に，技術分野特有の思考ツールとして考案した回路推考用のパフォーマンスボードと相互評価をフィードバックさせる独自の自己評価に視点を当て，それらを活用した実践事例を紹介した。まだまだ改善の余地はあるが，回路設計における思考力・判断力・表現力からメタ認知的自己評価力の育成までを目

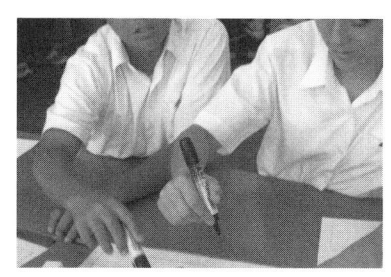

図15　課題解決に取り組む様子

指したアクティブ・ラーニングの一試案を示すことができたのではないか考えている。
　なお，本研究を行うに当たり，京都市立下鴨中学校の長井秀樹教諭には教育実践においてご協力を頂いた。また，題材開発において京都市技術・家庭科研究会の先生方には多大なるご指導やご助言を賜わった。ここに付記し深く感謝申し上げる。

参考文献

1) 文部科学省：学習指導要領解説技術・家庭編，教育図書，p.26（2008）
2) 国立教育政策研究所：平成19年度 特定の課題に関する調査(技術・家庭)調査結果, p.48(2007)
3) 藤川聡・長井秀樹：青色LEDオリジナルランプの設計と製作—電気回路を選択させ生活を工夫し創造する能力を育てる題材—，第49回近畿技術・家庭科研究大会京都大会要録, pp.45-48（2010）
4) 技術分野特有の言語活動を効果的に展開させる製作題材—回路設計における工夫し創造する能力の育成—，中等教育資料平成23年8月号，pp.26-29（2011）
5) 藤川聡・茶木正：エネルギー変換とその利用におけるGRプログラムの試み」，第45回近畿地区技術・家庭科研究大会滋賀大会要録，p.58（2000）

（藤川　聡）

第3節　B エネルギー変換に関する技術科教育

❷ 変換効率を考えたLEDの学習
指導時数　1～2時間

◆ 題材設定の理由とねらい ◆

　エネルギー変換に関する技術の進展は，私たちの日常の家庭生活や産業社会を，便利且つ豊かで快適なものに大きく変化させてきた。だが，現代社会で生きる人間は，電気エネルギーを利用したエネルギー変換機器に囲まれた生活が当たり前となり，電気エネルギーの恩恵を感じることなく生活している。特に，エネルギー資源の乏しい日本においては，エネルギー変換に関する技術が果たしている社会や環境における役割と影響について，中学生の段階で理解させることがとても重要な意味を持つ。家庭生活や学校生活での電気エネルギーの利用において，最も体験的に理解しやすいものとして光エネルギーへの変換を用いた照明器具の存在が挙げられる。生活や社会で使用される照明器具は，従来の白熱電球（第2世代の明かり）から，長寿命で消費電力や発熱性の低いLED照明（第4世代のあかり）へと移行してきている。

　そこで本題材は，家庭生活や学校生活において身近に存在する照明器具を取り上げることにより，電気エネルギーを光エネルギーに変換することに対し，生徒自身が生活に必要な基礎的・基本的な知識及び技能を習得しやすく，エネルギー変換に関する技術を体験的に理解できるようにした。また，この題材を取り上げることにより，照明器具に関する技術の転換期である現在において，生徒が自らエネルギー変換に関する技術について，白熱電球からLED電球に移行する必要性を適切に評価し，それを活用する能力と態度を育成することが可能となる。また，理科においても2年生の第1分野のエネルギー「電気」の単元の中で，直列回路や並列回路について学ぶ。教科書では，これらの接続回路の中で実験材料として電球が用いられている。このことから，理科と技術・家庭科とのクロスカリキュラムという観点においても電気エネルギーを光エネルギーへと変換する照明器具について学ぶことは大きな意味があると言える。

　本題材では，白熱電球，電球型蛍光灯及び，LED電球の三つの照明器具を取り上げて，それぞれの構造や特徴，利用方法などを理解していく過程において，アクティブ・ラーニングの手法を用いることにより学修者が能動的に学修する機会を多く得ることができ，認知的，教養，知識，経験を含む汎用的能力の育成に繋がる授業内容になるよう設計した。また，白熱電球，電球型蛍光灯及び，LED電球の三つの照明器具を使って，明るさやちらつきなどの特徴について，実験を通じて構造や特徴などを探求し，グループディスカッションやグループワークを通じて，白熱電球からLED電球へ移行している現状についての理由を考察することにより，発見学習，問題解決学習，そして体験学習を行うことができ，これらから問題解決能力の向上を見込める等，アクティブ・ラーニングにおける重要な要素を数多く取り入れた。また現代社会の課題であるエネルギー資源の有効な活用のために，電気エネルギーに関する知識を得ることについても正しい考察を行ない，白熱電球からLED電球へと移行させていくことで，より持続可能な社会を形成することにつながることを理解させることができる。

最後に，これまでも技術科教育において，アクティブ・ラーニングの要素を十分に取り入れた学習内容となってはいたが，更にルーブリックという形で評価基準を示すことで，生徒自身による自己評価を可能とし，技術科教育でのアクティブ・ラーニングをより一層充実したものとして作り上げることが可能になる点を理解して頂きたい。

授業展開例

学習項目	学習内容・手順等	指導のポイント
白熱電球・蛍光灯型電球・LED電球の構造と特徴（1時間）	●導入 ・電気エネルギーから光エネルギーへ変換させる照明器具（電球）にはどのようなものがあるのか確認させる。 ・本時の目標を確認させる。 電気エネルギーを光エネルギーに変える仕組みを理解し，適切な利用方法について知る。 ●展開 ・三つの電球（白熱電球・蛍光灯型電球・LED電球）の構造について，理解させてしくみや特徴について，電球が入っているパッケージ等を使用して，ワークシート（表1）に記入させる。 ・三つの電球を，図1に示した回路図を用いてそれぞれの特徴を観察し，どのような違いがあるのかを考察する。 ●終結 ・電球の特徴から電球を選択し，購入するための比較要素について考えさせる。 ・本時の授業における取り組みについて，ルーブリック評価表を用いて，○を記入させる。 ●発展的な学習のアイディア ・値段の安価な白熱電球と高価な蛍光灯型電球，LED電球を耐用日数やコストパフォーマンスの面からどのような所で使用することが良いのか想像させる。	★家庭生活や学校生活における照明にはどのような物が使われているのかグループで話し合わせる。 ★話し合った結果をミニホワイトボードにまとめさせて，グループごとに発表させる。 ★電球入りのパッケージを配布して，生徒各自が発見しワークシートの課題をまとめる。 ★それぞれの電球の明るさ，ちらつき及び点灯時間等を実際に目で見て確認させ，発見学習をさせる。 ★三つの電球のしくみや特徴を理解した上で，実際の点灯実験を通じて，各自が購入する際に選択する要素をグループで話し合わせる。 ★話し合った結果，グループで選択する要素3点をまとめてクラス全体に発表する。 ★評価基準を示すことで，生徒自身による自己評価をさせる。 ★調査学習を踏まえて，学校内の玄関やトイレ，廊下等などを観察させて，使用用途と使用頻度などの面からも三つの電球の特徴を気づかせる。

白熱電球・電球型蛍光灯・LED電球の特徴を知る（1時間）	●導入 ・明かりの移り変わりについて，電気エネルギーから光エネルギーへの変換技術が発明されてから，今日の光エネルギーへの変換技術までの移り変わりについてふり返る。 ・本時の目標を確認させる。 3種類の電球の特徴を理解し，それぞれの電球の適切な利用方法について知る。 ●展開 ・電球の種類には3種類あることを図3と比較しながら写真で示し紹介する。 表1 球の形状 図を記載して下さい ・三つの電球（白熱電球・蛍光灯型電球・LED電球）の全体の明るさ（全光束）について，電球が入っているパッケージ等を使用して，ワークシートに光の広がりについて光の光束の予想を矢印でワークシートに記入させる。 ・クリップライト，簡易照度計及び，長定規を用いて，ライトと照度計の距離による三つの電球の明るさの広がりについての特徴の違いを考察する。 ●終結 ・それぞれの電球がどのような用途に使用することが適しているのかをグループディスカッションする。 ・本時の授業における取り組みについて，ルーブリック評価表を用いて，○を記入させる。 ●発展的な学習のアイディア ・値段の安価な白熱電球と高価な蛍光灯型電球，LED電球について，それぞれの耐用日数と，簡易放射温度計を用いて周囲の温度を調べさせる。白熱電球よりも蛍光灯型電球，LED電球は周囲の温度が低いこと及びエネルギー効率にも優れていることを気づかせる。	★図3を見せて，それぞれの明かりの世代ごとの技術革新を紹介する。 ★明かりの技術革新について時代背景とともに，身近な生活で電気エネルギーから光エネルギーへ変換する技術について興味・関心を持たせる。 ★電球入りのパッケージを配布して，生徒各自が課題から発見したことをワークシートにまとめる。 ★実際の実験を通して，予想したワークシートのデータシートへ計測した上で数値データを記入させる。 ★体験や実験で得られた認知や既習事項を踏まえて，グループでの討議により，創造的思考能力を高めさせる。 ★評価基準を示すことで，生徒自身による自己評価をさせる。 ★各電球の価格と消費電力（電気代）を比べて，それぞれの電球を使用した際の環境負荷についても現代社会のエネルギー資源問題としてグループディスカッションさせる。

授業内容

（1） 白熱電球・電球型蛍光灯・LED電球の構造と特徴

　白熱電球・電球型蛍光灯・LED電球の構造と特徴を理解させるために，身近な生活における照明器具について再確認させて，使用用途にあった三つの電球の特徴やしくみを理解し，電気エネルギーから光エネルギーへ変換する技術の観察・実験を通して，それぞれの電球に用いられている技術を適切に評価して活用する能力及び態度を身に付けさせる。

　表1のワークシートを利用して，三つの電球の特徴と構造に関する知識及び技術を既習の知識として確認する。これらの知識及び技術を得ることにより，生活と技術とのかかわりについて再認識させる。ここでは，グループ学習を通して，それぞれ三つの電球の特徴と構造を生徒自らの発見学習に至るよう教師側の導きが必要となる。

　図1の，電球の明るさを確認するための実装回路図を事前に教師が製作準備しておき，三つの電球の特徴を実際に体感する（白熱電球と同じW相当の電球を揃える）ことで，表1の発見学習に対する成果を再確認することができる。

　ワークシートや観察・実験から，問題解決能力を高めたところで，生徒自身が，用途に応じた電球を購入する際に，三つの電球の構造と特徴を知り，光エネルギーに関する技術の適切な評価・活用について学んだ知識から，どの電球を選択するのかを考えることが可能となる。この考える力について，アクティブ・ラーニングの手法により養われる教育効果が期待される。

　図2は，参考までに図1の等価回路を示す。図2を作成する際，電球の一般的な口金サイズE26用のソケットを3個準備して，直列に接続もしくは，それぞれのソケットを独立させて100Vの電圧を供給できるようにしておくとよい。あらかじめ木板にソケットを固定しておき，各ソケットもしくは供給電圧側にはヒューズや小型のブレーカーをきちんと入れておくことが安全面からも必要となる。また，更に安全性を高めるために，等価回路図のようにスイッチを入れておくと電源のスイッチのON-OFFが簡単かつ安全に行え，機器の基本的な仕組みを知ることができる。加えて，保守点検と事故防止に関する教育の観点についてもこの題材の中で触れることができる。

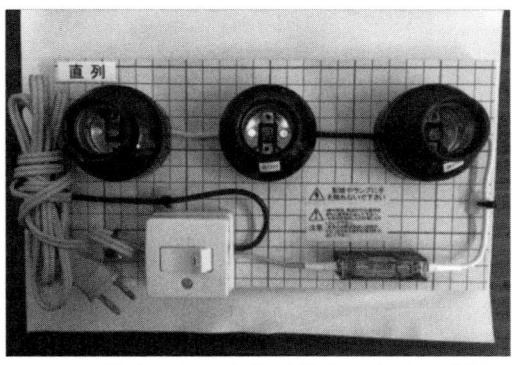

図1　電球の明るさを確認するための実装回路図

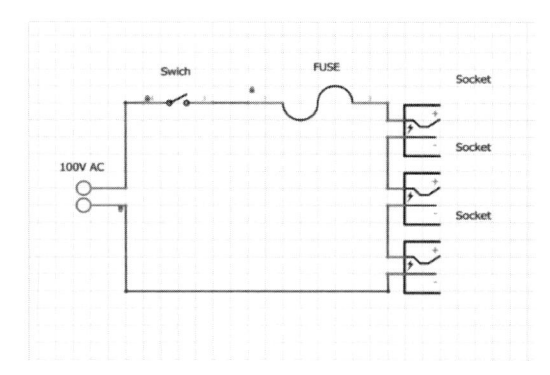

図2　電球の明るさを確認するための等価回路図

表1 白熱電球・蛍光灯型電球・LEDランプの主な特徴

	白熱電球	蛍光灯型電球	LED電球
球の形状			
構造			
しくみ・特徴	・電流を流すとフィラメントがジュール熱で高温になり発光する。 ・太陽光のように，波長の短い光から長い光までを連続して出す。 ・構造が簡単で色の見え方が太陽光に近く自然な光となる。 ・他の光源より変換効率が悪い。	・放電を利用してガラス管の内側に塗られている蛍光物質を発光させる。 ・変換効率がよい。 ・頻繁に点滅させると寿命が短くなる。	・直流電流を流すと決まった色で光る。 ・白色を2色以上の光でつくる。 ・白熱電球や蛍光灯型電球よりも，消費電力や発熱が少なく，長寿命，省スペースである。 ・許容電流を超えると非常に短時間で破損する場合がある。
消費電力	W	W	W
寿命	時間	時間	時間
光の色			
ちらつき			
点灯までの時間			
価格	安い	白熱電球よりも高い	蛍光灯型電球よりも高い

（2） 白熱電球・電球型蛍光灯・LED電球の特徴を知る

　白熱電球・電球型蛍光灯・LED電球の光の明るさ（広がり）の特徴から三つの電球の特徴の違いやしくみを理解させるために，明かりの成り立ちと，電気から光へのエネルギー変換技術の発達における明かりの歴史を学ぶことで，目に見えない電気エネルギーを目に見える光エネルギーへと変換する技術を捉えやすくする。そして，電気エネルギーから光エネルギーへ変換する技術とその電球が持つ特徴を観察・実験することを通して，技術を適切に理解し評価・活用する能力と態度が身に付くことを目的として授業内容を構成した。

　図3の，明かりの移り変わりの図を利用することで，これまで生活や産業の中で利用されてきた明かりについて，体験的な学習としてふり返るきっかけになる。また，今後の明かりの移り変わりについてグループで話し合うという言語活動の観点においても，前提となる知識を持つことでアクティブ・ラーニングの手法を取り入れることが容易となる。

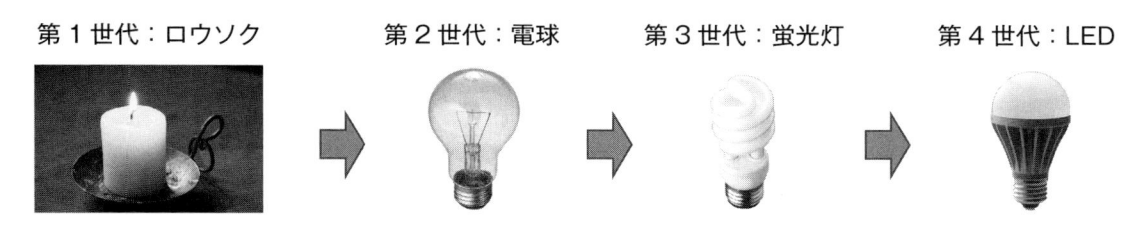

第1世代：ロウソク　　第2世代：電球　　第3世代：蛍光灯　　第4世代：LED

図3　明かりの移り変わり

　表2のワークシートを利用して，三つの電球の光の明るさ（広がり）を記入させて，その特徴を予想させる。ここで，グループワーク等により，アクティブ・ラーニングの手法を取り入れて，言語活動の充実を図りながら，他者と協議する中でいろいろな予想を立て，課題追求活動を行い，更にその課題に対しての問題解決能力を養う。

表2　白熱電球・蛍光灯型電球・LED電球の明るさ実験データシート

	白熱電球	蛍光灯型電球	LED電球
球の形状			
球と照度計との距離	照度計の数値　［lm］		
0 cm	−	−	−
5.0 cm			
10.0 cm			
20.0 cm			

次に，予想した三つの電球の光の明るさ（広がり）について，図4の電球の種類における照度測定実験により，三つの電球の特徴を実際に体感することができ，表2の課題追求活動からの予想成果を再確認する場とすることができる。ここでは，簡易照度計，クリップランプ及び長定規を準備しておくことが望ましい。また，この観察・実験を通して問題解決能力を高めることができ，生徒自身が電球を購入する際に，三つの電球の構造と特徴を知った上で，用途に応じてどの電球を選択するのかを，学んだ知識から考えることが可能となる。この考える力について，アクティブ・ラーニングによって養われる教育効果を確認することができる。

　この題材では，以上に述べたことに加え，照明器具が，家庭生活で使用される機器として日常生活で最も重要な役割を果たしているものの一つであり，性能や価格だけでなく，電球の製造，使用，廃棄，再利用のすべての段階における環境負荷を総合して評価し，環境に考慮した生活を送ることの重要性を持つことについても授業の終盤において発展や今後の課題として扱い，創造的思考を問うことも必要だと考える。

図4　電球の種類による照度測定

まとめ・考察

　本題材は，エネルギー変換の内容の中で最もアクティブ・ラーニングを取り入れやすい内容であり，白熱電球，蛍光灯型電球及びLED電球の三つの照明を比較することにより，構造や特徴，利用方法などを理解させる過程でその手法を取り入れられるようにした。

　以下，表3のようなルーブリック評価表を作成して，授業の最後に生徒自身が授業においてどのように学習に取り組み，どのくらいの学習成果を得ることができたのかを自己評価し，その評価そのものが学びになるような評価デザインにまとめた。これについて生徒自身が評価し，教員側の評価との相互関係を見出すことにより，教育の視点からも質の高いディープ・ラーニング（深い理解）による知の創造性や能力の育成が実現できるものと考える。

※表3にはLev.2以上に○が2つ以上記載されることにより，生徒の授業への充実度及び達成度が明確化できると考える。

表3　ルーブリック評価表

観点	問題発見〜最終解決策の提案（ステップⅠ）			
	生活や技術への関心・意欲・態度	生活を工夫し想像する能力	生活の技能	生活や技術についての知識理解
観点の説明	エネルギー変換に関する電気エネルギーから光エネルギーへの変換技術の課題を進んで見付け，社会的，環境的及び経済的側面などから比較・検証しようとするとともに，適切な解決策を見出すことができる。	よりよい社会を築くために，エネルギー変換に関する技術を適切に評価し，適切な電球を選び活用できる。	設計に基づき，安全を踏まえた実験装置の使い方や電気回路の配線及び照度計などをきちんと使用できる。	エネルギー変換に関する技術が社会や環境に果たしている役割と与えている影響について理解している。
Lev.3				○
Lev.2	○	○		
Lev.1			○	
Lev.0				

※一部　文部科学省 国立教育政策研究所：「評価基準の作成，評価方法等の工夫改善のための参考資料【中学校　技術・家庭】」平成23年11月参照

（湯地　敏史）

第3節　B エネルギー変換に関する技術科教育

❸ ロボットコンテストを応用した授業づくり

指導時数　18～20時間　　「登坂ロボコン」　学びを「引き出す・ふり返る・支える」

◆ 題材設定の理由とねらい ◆

　ロボットコンテスト（以下，ロボコンと略す）は，コンテストルールから生徒が主体的にロボットを構想し協働してロボットを製作するすぐれたエネルギー変換技術の題材であり，アクティブ・ラーニングを育む題材と言える。コンテストのルールは，対象学年や地域の実態，教師の指導力によって設定されている。例えば，1モータの4足歩行ロボット，3モータロボットカー等である。ロボコンは生活を工夫し創造する能力を育む題材として取り扱われ，創造力を育むアイデアロボコンが主流である。また，ロボコンを通して感動・感謝・協力する心なども育まれる[1]ことが報告されている。本題材では，これまでのロボコンに加え，学ぶことと社会とのつながりをより意識した教育をめざし，実社会や実生活と結びつけたコンテストのルールを設定した。つまり，技術を適切に評価し活用する能力と実践的な態度の育成を目指している。そして，ロボコンの学習を通していろいろな選択肢から自ら最適解を見つける力を養っていくことで危機的な状況でも許容解を見つける力を身に付けさせることをねらいとしている。また，このような力を身につけさせるために「どのように学ぶか」という，学びの質や深まりを重視することが必要であることから，次の三つの視点を設定することとした。

・視点1　学びを「引き出す」　豊かなかかわり合いのある言語活動
　　　互いのアイデアを尊重しながら，話し合いができるよう話し合い方を構成する。
・視点2　学びを「ふり返る」　思考過程の可視化と学びの振り返り
　　　思考過程が可視化できる学習シートを作成し，思考の手だてとなる方法を取り入れる。
・視点3　学びを「支える」　学びのユニバーサルデザイン化と効果的なICTの活用
　　　学習の流れを提示し，課題を提示する際に，ICTを活用する。

◆ 題材の特色 ◆

　設計段階におけるコンテストのルール設定を実生活と重ねて考えさせるために地域性を考慮する。例えば，熊本県上益城地区は農業が盛んな地域であり，山も多く，子どもたちにとって坂道は，なじみのあるものである。そこで，上益城郡教科等研究会技術部会では，その坂道と農業を融合した農産物運搬ロボット（以下，ロボット）を製作させている。そして，そのロボットを使い合板の坂を登らせ，農産物を安全に効率よく運ぶことを競うコンテスト「登坂ロボコン」を行っている。ロボットは，ツインモーターギヤボックスを一つ搭載し有線リモコンで操作できるようになっており，使用できる電力は消費電力リミッターで制限している。これまでに学習してきた基礎的な知識・技能を活用し，運搬にかかった時間，消費電力，農産物の運搬量等を考慮して，協働的な学びで一人ひとりの生徒が主体的に最適解を見つけ出す。また，他の現実課題を解決することで，ストレッサーに対処できる許容解が育まれる。

登坂ロボコンの授業展開

学習項目	学習内容・手順等	指導のポイント
コンテストルールの概要把握 （1時間）	●登坂ロボコンルールの概要を知る ・農産物を安全に効率よく運ぶことを競うロボットを製作することを知る。	★目的や条件を各班で学び合わせ，明確に理解させると共に<u>学習意欲を引き出す</u>。
ロボットの選択 （1時間）	●製作するロボットを選択する ・複数の視点を持ち，自分の考えに適したロボットを選択する。	★複数の視点から考えることができるように<u>システム思考[2]を活用</u>させる。
ロボットの製作 （3時間）	●部品加工や組み立てを行う ・作業環境や作業効率を工夫し，工具等を適切に使用してロボットを製作する。	★作業の安全に留意させ，3時間連続で授業を行い製作に集中できる時間を確保する。
中間発表会 （1時間）	●製作したロボットを分かりやすく紹介し，改善策を考える ・ロボットの改善策を具体的に考える。 ・ロボットの特徴を相手に分かりやすく説明する。	★ロボットの改善点について，どの部分をどのように改善するのか具体的に考えさせ，<u>相手に伝わるように発表させる</u>。
ロボットの改善 （1時間）	●ロボットを改善する ・ロボットの改善案を元にロボットを改善する。	★<u>改善する手順を考えさせ，効率よくロボットの改善</u>をさせる。
校内ロボコン （1時間）	●コンテストを実施する ・ルールを守り，班員と協力してコンテストに取り組む。	★生徒が主体的にコンテストに参加させるために，<u>応援している生徒の態度について考えさせる</u>。
まとめ （1時間）	●学んだことをまとめる ・ロボコンを通して学んだことをまとめる。	★授業を通して学んだ専門的な用語を使用して，感想を書かせる。
評価・活用 （1時間）	●エネルギー変換学習のまとめをする ・未来の自転車について考え，私の未来自転車を構想する。	★エネルギー変換に関する<u>技術の課題を見つけさせ，適切な解決策を示させる</u>。

※指導のポイントの下線部は，アクティブ・ラーニングを育む三つの視点である。

授業内容

(1)「問い」の工夫

「問い」を工夫することによって生徒の学びを「引き出す」ことができる。日ごろ何気なく使っているもののしくみを考えさせることで，ものに対する見方や考え方が変わり，エネルギー変換するものに関心を持たせることができる。この検証授業を平成26年度熊本県立教育センター研究協力校である御船町立御船中学校で行った。前頁の登坂ロボコンの授業展開の前に動力伝達の仕組みを学習させるが，その時の「問い」を以下に示す。

> モグラたたきゲームでは，複数のモグラが上下運動します。その仕組みはどのようになっているのでしょうか。
> 今日はみなさんで，その秘密を探ってみましょう！

図1　導入段階で思考した例

図1は，「問い」について考えた例である。このように，非現実的な記述が多く見られ，記述できない生徒も多数いる。アイデアが浮かばない生徒にとっては苦痛の時間である。このように生徒に軽いストレスを与えることで，ストレスを発散しようとする心理が働く。このことでもぐらたたきゲームの仕組みを理解しようとする「主体的な学ぶ意欲の向上」が見られる。

図2は，その後，動きを伝達する仕組みにはどのようなものがあり，どのような動きをするのか学習し，各班でアイデアをまとめた例である。学んだ知識を活用して，協働して図と文章で表現している。

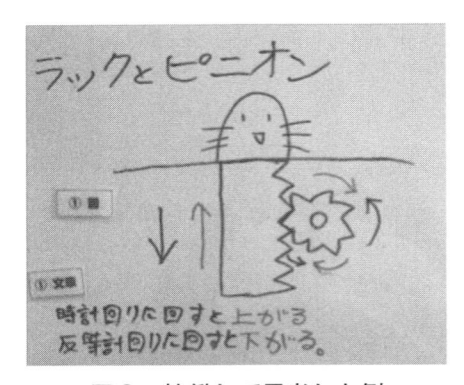

図2　協働して思考した例

図3は，「モグラの動きは，バラバラですがどんな仕組みになっているか考えましょう。」と「問い」を生徒にしてまとめた例である。これまでの考えに新たな価値を付加している。

図3　新たな価値を付加した例

(2)「学び合い」の工夫

ロボコンでは，一人ひとりが自ら学び判断した自分の考えを班員と話し合い，考えを比較吟味して統合し，最適解や新しい知識を創り出し，さらに次の「問い」を見つける力が育まれる。

しかし，学びを「支える」学習規律を生徒が意識できていないと，「学び合い」は何を学び合っているのかわからなくなる。そして，いたずらからいじめに発展し，いじめられた生徒は心的エネルギーが低下し，いわゆる不登校状態に陥る場合もある。そして，ロボコンの授業だけに留まらず，技術の授業がいやになってしまうのである。まずは，教師が話をはじめる前に，教師が生徒の視線を感じ，生徒がしっかり傾聴する態度になっているのか確認して話しを始めるべきである。この学習規律が確立していると，作業の安全にも繋がることを確認しておきたい。特に，工具の準備や片付けの様子から生徒の人間関係の把握にも努めたい。

技術分野の授業では，これまでも一斉授業の中で班学習に「学び合い」活動が取り入れられてきた。生徒の「学び合い」活動を見ると，主体的に自分の意見を伝えている生徒とまったく伝えることができない生徒がいる場面がよく見られる。これは，一生懸命走って早く走れる生徒と遅い生徒がいるように，人前で話すことにたくさんの勇気が要る生徒と要らない生徒がいるのである。そこで，どの生徒も安心して自分の意見を言える場を設定することが必要であると考え，「学び合い」方を構成している。生徒の学びを「引き出す」ためには，このような構成型「学び合い」が必要である。この，構成型「学び合い」を表1に示す。

この構成型「学び合い」の指導のポイントは，一般に意見を伝える生徒の伝え方に着目するが，意見を聞く生徒の受容し共感する態度の育成に指導を焦点化することが重要である。この意見を聞く生徒の態度に着目することで，「学び合い」の質を向上させることに繋がる。教師は，班員の意見の聞き方が上手な班があると一度全体の話し合いをやめさせ，聞き方が上手な班を褒めることで他の班が模倣しはじめるのである。また，「いいね」カードを準備し，共感できた意見に「いいね」と言いながらカードを発表者に見せることで，発表者の効力感の向上と傾聴力の向上も狙う。このような「学び合い」を実施していくことで，「学び合い」を構成しなくても，どの生徒も自分の意見を安心して話せるようになることを願っている。

表1　構成型「学び合い」

① 課題に対して自ら考える時間を確保する。（1分）

② 自分の考えを伝える順番を決定する。（教師）

③ 自分の考えを与えられた時間で説明させる。（30秒〜1分）

④ 言い足りなかったことや感想を順番通りに発表させる。（2分）

⑤ 机間を支援中に，全体で発表させる生徒を決定する。（教師）

（3）「課題設定」の工夫

図4は，登坂ロボコンのコンテスト会場である。この会場は合板（3尺×6尺）1枚で作成し，SPF材（1×4）で合板を囲むように製作している。障害物として，スチレンボードで段差を作り，2台のロボットが競争できるようにアクリル板で合板の中央を仕切っている。合板の傾斜となる高さは，技術室の生徒用椅子を使っている。

図5は，製作するロボットの例であるが荷台にはゴルフボール2個と100円ショップで購入した野菜のおもちゃを，入るだけ入れて落とさないように運ぶ。足回りは，タイヤとキャタピラを選択する。製作するロボットの材料表を表2に示す。また，ロボット製作の指導ポイントを以下に示す。

・生徒一人ひとりが何を（目的），どれくらいで（時間），どうするのか（到達点）決めて作業しているか確認する。
・消費電力，ロボットを処分することや万が一等を意識して製作しているのか確認する。

図6はコンテストの様子でICTを活用し，消費エネルギーを実際に市販の消費電力リミッターを使用して正確性5点，エネルギー効率3点，速さ2点で集計し，同点の場合は正確性，エネルギー効率，速さの順で勝負を決定する。

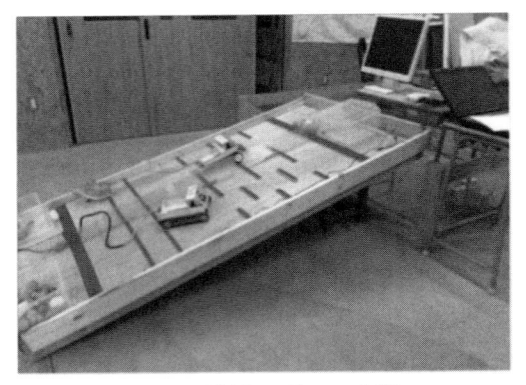

図4　登坂ロボコン会場

図5　製作するロボット例

図6　コンテストの様子

表2　ロボット製作材料表例

	材料名（1班分）	単価	合計
コントロールボックス	プラスチックケース（1個）	35	35
	トグルスイッチ（2個）	306	612
	リボンケーブル（1本）	212	212
	電池ボックス（1個）	159	159
足回り部	スポーツタイヤセット	567	567
	ツインモータギヤボックス（1個）	882	882
	キャスター（1個）	127	127
荷台等	厚紙，プラスチックダンボール，滑り止めシート，ボルト，ナット，針金　等		

（4） 評価の工夫

評価・活用の学習項目では,「未来の自転車を考えよう」を学習のめあてとして,図7のような授業の流れを生徒に示し（学びを「支える」）授業を行っている。

図8は,B4サイズ1枚で思考過程を可視化し,自己省察できる学習シートである。ユニバーサルデザインの視点に立ってSTEP②の改善点は朱書させている。

表3は,知識を構成化した資料である。生徒に「学び合い」をさせる時に,話の内容が学習のめあてとずれる場合が予想される。（これを「問題解決学習の罠」と筆者は呼んでいる。）そこで,生徒の思考を焦点化させると共に思考の幅を広げるために,教師がシステム思考を取り入れて知識を構成化することとした。

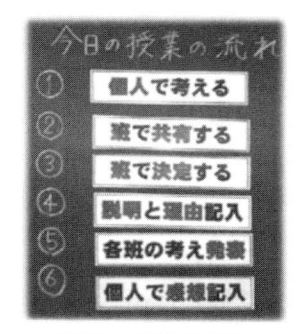

図7　授業の流れ

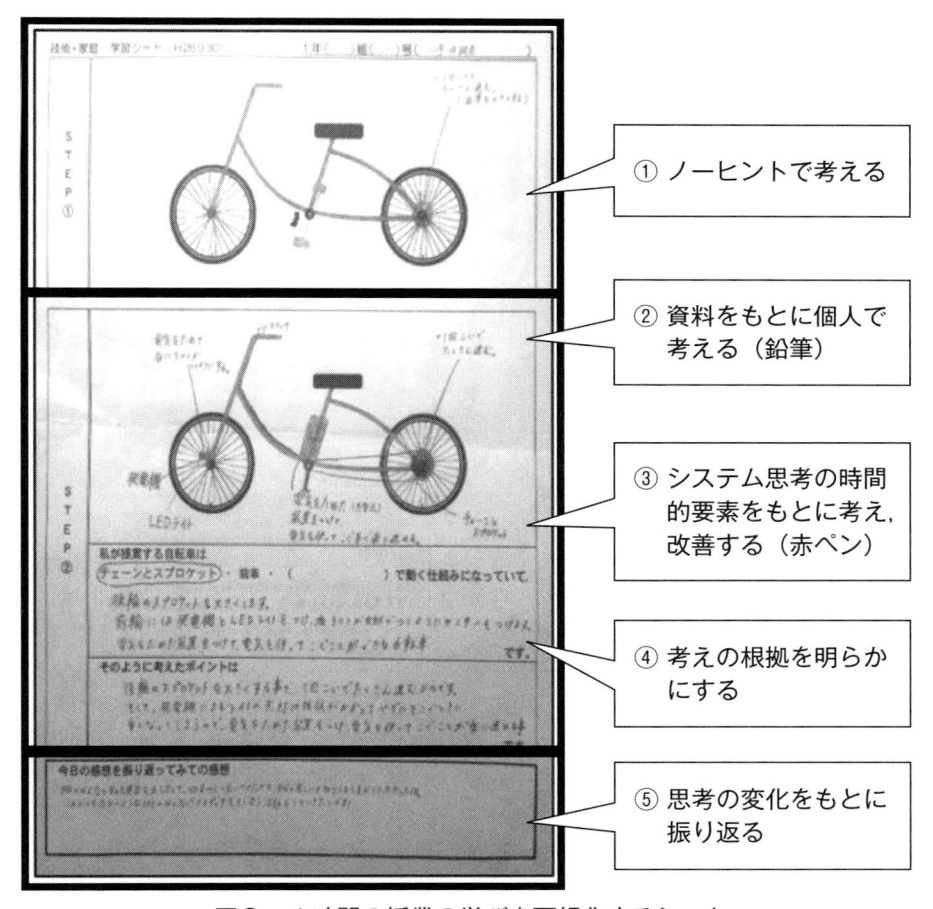

図8　1時間の授業の学びを可視化するシート

① ノーヒントで考える
② 資料をもとに個人で考える（鉛筆）
③ システム思考の時間的要素をもとに考え,改善する（赤ペン）
④ 考えの根拠を明らかにする
⑤ 思考の変化をもとに振り返る

表3 知識を構成した資料

		経済面	環境面	社会面
				使用者
製作する段階で考えること	材料代	その自転車を製作するのに必要な材料費は？ 【例】 ・《高い》リング装置セット＞歯車セットとチェーンとスプロケットセット（12,000円）（10,000円）（8,000円） ・《高い》LEDライトセット＞蛍光灯ライトセット＞白熱球ライトセット（2,000円）（1,200円）（600円） ・《高い》太陽光パネル＞発電機（20,000円）（3,000円）		その自転車を誰が使用するのだろうか？ 【例】 ・安全で、こぐのが楽で、スピードが速く、長持ちできる自転車が理想であるが、全ての条件を満たすのはなかなか難しい。 ・いろんなエネルギーを有効活用できないだろうか。
使用する段階で考えること	修理費用	部品を交換する際利用や壊れた時の費用は？ 【例】 ・《高い》プーリ ＞ 歯車 ＞ スプロケット（4,000円）（3,500円）（3,000円） ・《高い》LEDライト＞蛍光灯ライト＞白熱球ライト（1,200円）（800円）（400円） ・《高い》太陽光パネル＞発電機（10,000円）（5,000円）		丈夫さ・使用する人の気持ち 使用している中で、製品の各部品はどのくらい長持ちするだろうか？また、使用する人たちはどんな気持ちで乗っているのだろうか？ 【例】 ・《長持ち》歯車＞リンクスプロケットとチェーン ・《長持ち》LEDライト＞蛍光灯ライト＞白熱球ライト ・材料には、雨で濡れたり、摩擦等で変化しやすいものもある。 ・発電機によるライトの点灯は抵抗がかかってペダルを漕ぐのに重くなってしまう。
処分する段階で考えること	処分費用	それぞれの材料の処分費はどのくらい？（　5円／1kgあたり） 【例】 ・アルミ、銅、鉄などの金属類（20円／1kgあたり） ・木材類（25円／1kgあたり） ・金属が付いた木材類（35円／1kgあたり） ・プラスチック類（50円／1kgあたり） ・その他混ざったもの	有害物質と環境破壊 処分する際に、CO2をはじめとして環境に悪影響を与える物質が出たり、埋立による環境破壊などはないだろうか？ 【例】 ・プラスチックゴミの半数は再利用されず、埋立ゴミとして処分され、燃やすと有害なガスや化学物質を出すものがある。 ・純粋な金属やガラス類は再利用できるが、一般的には埋立ゴミとして処分されることも多い。	
もしも				走っている途中に壊れたら 走っている最中に故障などしたら、簡単に部品を取り替えたりできるだろうか？ 【例】 ・チェーンが外れた場合には、チェーンが伸びている場合が大ほとんどなので、自分では直すことができるが、再度外れることが予想される。 ・電球が切れた場合の交換は、お店で購入する。 ・太陽光パネルや充電池が壊れた場合は、ライトは点灯できない。

時間軸で考える →

まとめ・考察

　本題材は，これまで生活を工夫し創造する能力を育む題材として取り扱われた創造力を育むアイデアロボコンに加え，学ぶことと社会とのつながりをより意識した教育をめざし上益城地区の地域に根ざした課題を設定して消費電力等を考えさせる登坂ロボコンである。この学習を通して，自ら最適解を見つける力を養い，危機的な状況でも許容解を見つける力を身に付けさせることをねらいとしている。許容解とは，生徒が最適解を見つける時に無意識に身についていく能力「セレンディピティ（serendipity）：探しているものとは別の価値あるものを見つける能力」である。教師は，このような力を身につけられるように，意図的に仕組む。平成26年度中学生創造アイデアロボコン九州大会（長崎県大会）に参加した。応用部門では，準決勝に熊本県が3校進出し，1・2・3位を独占した。勝負に負けて泣いている生徒に優しく接する指導者の姿が見られ，その様子をそっと見つめる保護者の姿が印象的であった。また，本大会に参加した熊本県の生徒には，昨年度教室に入れず不登校だった生徒がこのロボコンを通して元気に登校するようになったことや，ロボコンを通して自分に自信が持てるようになった生徒等がいた。ロボコンは技術力や発想力を育てるだけではなく，生徒の心を育てることにも有効な題材である。本題材では，技術分野の授業で不登校を予防できないかと考え，学びを「引き出す」ために「問い」と「学び合い」にレジリエンス（resilience：しなやかな自己回復力のこと）を育成することを仕組んだ。人は，生きている限り，いろいろな危機的トラブルやトラウマと呼ばれるストレッサー（出来事）に遭遇し心が傷つく。ただ，折れた心を回復させることは誰にでもできる。ロボコンは，こんな力を身につけることができる題材でもある。学びを「ふり返る」では，1時間の中で生徒自身が自己省察（リフレクション）することやエネルギー変換の学習をふり返らせるために，授業の学びを可視化するシートや知識を構成した資料を作成し，ロボット製作に必要な新たな視点として時間軸で考えさせた。学びを「支える」では，「課題設定」「評価」で学習の流れを示すことやICTを効果的に活用してインクルーシブ教育の視点に立って，学びのユニバーサルデザイン化を図った。その結果，学びの質や深まりが見られた。課題として，本実践は，中学校1年生を対象として行ったが，理科の授業内容との関連で考えると，2・3年生での実施が望ましいのではないかと考える。

　本稿を執筆するにあたりご協力いただきました熊本県立教育センター所長土田圭司先生，熊本大学教育学部教授田口浩継先生，熊本県上益城郡教科等研究会技術分野部会長松本正文先生，同理事鹿釜良一先生，甲佐町立甲佐中学校教諭原順一先生，益城町立木山中学校教諭奥田恭隆先生，そして，御船町立御船中学校と甲佐町立甲佐中学校の生徒諸君に感謝の意を表する。

参考文献
1) 大塚芳生：アイデアロボットコンテストを題材とした指導法の研究，日本産業技術教育学会誌，第48巻第3号，pp.215-220，（2006）
2) 内田有亮他：技術科教育における思考力・判断力・表現力等の育成のためのシステム思考の導入について，日本産業技術教育学会九州支部論文集第21巻，pp.15-22，（2013）

（大塚　芳生）

第3節　B エネルギー変換に関する技術科教育

❹ アクティブ・ラーニングによる「ミニ四駆の製作」
指導時数　16〜20時間

◆ 題材設定の理由とねらい ◆

　平成26年度末に文部科学大臣より中央教育審議会に対して行われた諮問では，「課題の発見・解決に向けて主体的・協働的に学ぶ学習をより重視し，知識・技能の定着を図り，学習意欲を向上させる学習方法として，全教科においてアクティブ・ラーニングが効果的である」と意義づけられた[1]。中学校技術・家庭科技術分野（以後，技術科）の授業は，「ものづくり」を伴う実習授業が中心であり，従来から課題発見学習や共同作業等が取り入れられているが，今回諮問されたアクティブ・ラーニングは，「課題の発見と解決に向けて主体的・協働的に学ぶ学習」とされ，技術科の指導においても教師の「何を教えるか」という指導方法の改善と共に，生徒の「どのように学ぶか」という学びの質や深まりを重視する授業の展開が求められている。

　技術科における「エネルギー変換に関する技術」の内容の指導は，現行の学習指導要領から必修となり，内容の学習目標は『エネルギー変換に関する基礎的・基本的な知識及び技術を習得させるとともに，エネルギー変換に関する技術が社会や環境に果たす役割と影響について理解を深め，それらを適切に評価し活用する能力と態度を育成する』とされている[2]。また，旧学習指導要領の選択履修と必修履修の単元が一つにまとめられたため，学習内容はかなり増加したと言える。しかし，3年間の技術科における総指導時間数は87.5時間のため，学校現場での「エネルギー変換に関する技術」の内容への配当指導時間数は20時間程度と予想される。このような状況の中，「エネルギー変換に関する技術」の内容の指導において「思考力を養い適切な自己評価ができる課題追究的活動」「グループの話し合いや学び合いを行う協働的活動」「言葉や図による表現を重視した言語的活動」「成就感や成功感等を味わわせる自己肯定活動」等の活動を取り入れるためには，アクティブ・ラーニングを積極的に導入し，限られた指導時間で効率的に知識や技能を修得させる指導方法の工夫が必要とされる。

　本稿では，技術科の実習授業においてアクティブ・ラーニングの考え方を取り入れている河内長野市立美加の台中学校と立命館守山中高等学校の実践を取り上げる。両校では，「エネルギー変換に関する技術」の学習形態を「生徒自ら考え，論理的に表現し，グループで協議しながら主体的な学びを進める授業」とし，題材を「走行性能の向上を図るミニ四駆の製作」としている。この授業は，一般に市販されているミニ四駆の模型を単に製作するのではなく，『ミニ四駆の走行性能を高める』という課題を与え，グループごとに収集したデータから走行性能を向上させるものを議論させ，その結果をミニ四駆の改良に施し，走行時間の計測を繰り返して行わせる事によって課題解決を図る構成としている。実習授業では，情報の収集と発信の効率化を図るために生徒にタブレット型情報端末（以後，iPad）を使用させている。また，河内長野市立教育メディアセンターのテレビ会議システムを利用して，両校の生徒による意見交換や走行性能等を競わせる双方向型授業も試行的に実施している。

◆ **題材の特色** ◆

　ミニ四駆は，タミヤ社が商標権を保有しているプラスチック製の小型モータ付き自動車模型で，単3乾電池2本を動力源とし，駆動するミニモータと，プラスチック製のシャーシ，ボディ等で構成され，部品はすべてはめ込みやねじで固定する。大きさは実車の32分の1で，リヤモータ式，フロントモータ式，ミッドシップモータ式の3方式があり，プロペラシャフト等を取り外すことにより2輪駆動化することも可能である。専用コース上を走行させ，車体に取り付けたローラで方向転換をさせる。車輪の軸受は同じ部位にすべり軸受やボールベアリングが利用でき，軸受の違いによる車体の性能変化も確かめることもできる。（図1）

　ミニ四駆の製作を通して指導できるエネルギー変換に関する基本的知識の内容は，エネルギー変換のしくみ，動力伝達のしくみ，機械要素，機械の保守点検と整備，電気回路，電気機器の保守点検等である。また，ミニ四駆は歯車等の機械部品やモータ等の電気部品がグレードアップパーツとして別売されており，製作の途中でこれらの部品に交換することにより，車体各部の機能の確認ができたり，走行性能を高めたりできる。

図1　製作させるミニ四駆の基本形

　実習授業でミニ四駆が完成した後は，専用コースで走行させ，走行タイムを各グループで競い合わせる。走行タイムの結果から，各グループで走行性能を向上させるための車体の改良を繰り返して行わせる。生徒は，試行錯誤を繰り返すことで，ミニ四駆に使用されている一つひとつの部品のエネルギー損失を少なくすることが，走行タイムの短縮に大きく影響することを体験的に捉えることができる。このことは，エネルギーの有効利用や，エネルギー変換に関する技術の評価の指導につなげることができる。

授業展開例

学習項目	学習内容・手順等	指導のポイント
エネルギーとエネルギー変換 （1時間）	●エネルギーがどのような方法で変換，制御され，利用されているかを知る。	★エネルギー資源とその利用までの流れをグループで検討させる。
エネルギー資源の種類と特徴 （1時間）	●自然界のエネルギー資源を利用している発電システムの特徴を知る。 ●発電に関してエネルギー変換の効率を高めている方法を知る。	★種々の発電システムの特徴をグループで検討させ，どの発電システムが適切なのかを発表させる。

電気エネルギーの利用（3時間）	●交流電源と直流電源の特徴を知る。 ●電気エネルギーを熱，光，動力などに変換する仕組みを知る。	★交流電源と直流電源の特徴等をグループで検討させる。 ★簡単な電気機器のエネルギー変換の仕組みを体験的に捉えさせる
電気機器構造と電気機器の安全利用（2時間）	●電気機器が使用目的を達成するためにどのような構造になっているのか知る。 ●電気機器の安全な使用方法を知る。	★電気機器の構造や各部分の機能を検討させ，安全に使用する方法を発表させる。
機器の保守点検（1時間）	●定期点検の必要性などを理解し，保守点検と事故の防止ができる。	★家庭でできる機器の保守点検をグループで発表させる。
動力伝達のしくみ（2時間）	●歯車やカム機構，リンク機構など，力や運動を伝達する仕組みや特徴を知る。	★模型等を使用して力と運動伝達の仕組みを理解させる。
ミニ四駆の製作（8時間）	●ミニ四駆の動力伝達の方法や電気回路を調べ，製作工程を知る。 ●車体の走行性能を向上させるためには，車体にかかる負荷を軽減させればよいことに気づく。 ●他グループの車体との走行性能を比較する。 ●走行性能を向上させるために行ったグループ活動の記録をまとめ，発表する。 ●負荷の軽減を目的とした技術について，その効果と課題を検討し，それらの技術の利用を推進するために行われている方策などについて考える。	★ミニ四駆を走行させるだけでなく，走行性能を向上させるためのグループ内での活動を重視することを説明する。 ★ミニ四駆専用のコースを走行させ，他グループの車体と走行性能を比較させる。 ★グループ内の取り組みや試行錯誤の繰り返しが，走行性能の向上に繋がることに気づかせる。 ★負荷の軽減を目的とした技術をまとめさせる。
エネルギー変換に関する技術と生活（2時間）	●エネルギー変換に関する技術が社会や環境に果たしている役割と影響について理解する。	★エネルギー変換に関する技術を適切に評価しているか確認する。

授業内容

(1) 授業の準備
① ミニ四駆キット，走行コース
■ ミニ四駆キット
　ミニ四駆のキットは，1グループ（4〜5人）に1台とし，キットの種類は生徒に選ばせる。多彩な条件を生徒に与えるため，キットの種類はボディーデザインだけでなく，性能に直接影響するシャーシも選択させる。シャーシは，ホイールベースが小さく軽量な「スーパー1シャーシ」，ホイールベースが長くて作りが頑丈な「スーパーTZシャーシ」，フロントにモータを配置する「スーパーFMシャーシ」，ホイール幅がワイドな設計の「スーパーXシャーシ」，「スーパー1シャーシ」の改良型である「VSシャーシ」から選択させる。

■ 追加パーツ等
　ミニ四駆グレードアップパーツから，「ファーストトライパーツセット」（図2）を各グループに配布する。この追加パーツを使用させると，車体のエネルギーロスが低減でき，走行時の安定性を向上させることができる。
　また，付属のグリスの代わりに自転車用のモリブデンオイルと戸すべり用のパラフィンオイルを使用する。オイル粘度によっても，エネルギーロスに差が出ることを確認させる。

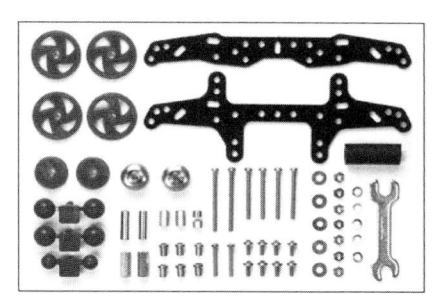

図2　ファーストトライパーツセット

■ モータ
　ミニ四駆のモータは，回転数やトルク，出力の異なるモータが選択できる。本授業では，低回転・高トルク仕様の「トルクチューンモータ」をすべてのキットで使用する。

■ 乾電池
　ミニ四駆には単3乾電池が必要であるが，マンガン乾電池では消耗が著しいため，短い間隔の充電に対応できるパナソニック社製の低容量ニッケル水素乾電池「eneloop lite」を使用する。「eneloop」の標準タイプは，重量が重くミニ四駆がコースアウトした際に破損したり，モータに過電流が流れて発熱したりすることがあるため使用できない。

■ 走行コース
　走行コースはタミヤ社製の「ジャパンカップ・ジュニアサーキット」に，180度分のコーナーとジャンプ台を追加して設定する（図3）。1周28.23mの3コース設定で，ミニ四駆を約7秒で走行させることができる。コーナーやスロープセクションでは車体の安定性が求められ，安定性が不足すると車体がコースから飛び出してしまうため，各グループに車体がコースから飛び出さない工夫をするよう課題を与える。

図3　技術教室に設置した走行コース

② 教室内のWi-Fi環境

iPadを効果的に利用するために，Apple社の簡易無線ルータ「AirMac Express」を利用し，iPadとiPadの印刷仕様「AirPrint」に対応したHP社の「Photosmart 5510」を無線で接続する環境を技術教室内に構築する。また，「AppleTV」を利用して，iPadに出力する画像を50インチディスプレイに出力する。この出力画像は，HDMI分配器，HDMI to VGA変換器を介して液晶プロジェクタにも出力する（図4）。

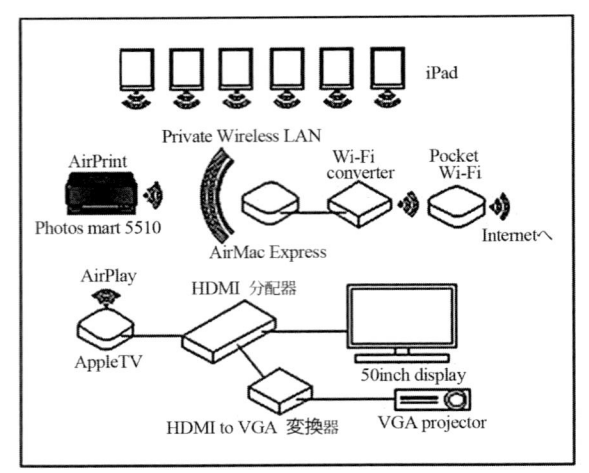

図4　教室内Wi-Fi環境

生徒が授業中にiPadを落としたり，机等にぶつけたりして破損させることを考慮して，iPadには，Griffin社の耐衝撃ケース「Survivor」を装着する。また，本授業では，iPadにLoiLo社の「ロイロノートforスクール」をインストールし，学習結果の送信や情報の整理に使用させる。

生徒にミニ四駆の最適なセッティングを調べさせるため，iPadでインターネットを利用するが，校内LANにiPadが接続できない環境の時は，あらかじめ個々のiPadにWebサイト「HSV of a Racing Factory」[3]の「最速への道～基本編～」を資料として保存しておく。授業中に資料が必要なときにiPadを利用して資料を素早く参照したり，必要箇所を容易に拡大したりすることができるため，生徒の学習効率を高めることができる。

③ セッティングシート

生徒がミニ四駆に行ったセッティングを授業時間ごとに記録するためのセッティングシート（A4版）を作成する。セッティングシートには，本時及び次時に関する課題の記入欄，ミニ四駆に施したセッティングと手動計測タイムの記入欄，ラップタイマーの記入欄を設ける。また，iPadで撮影したミニ四駆の写真を印刷するスペースを設ける（図5）。

図5　セッティングシート

④ タイマー

ミニ四駆のコース周回タイムの計測には，赤外線センサーを利用して100分の1秒単位でタイムが計測できる「ミニ四駆ラップタイマー」を利用する。しかし，このタイマーは同時に1台しか計測できないため，iPadのカメラ機能を利用した手動のストップウォッチや自動的に周回タイムと速度を同時に計測できるフリーのアプリケーションをiPadにインストールして

使用する（図6）。

　iPadで計測した周回タイムは，パソコンの表計算ソフトで集計し，教室内に設置した50インチディスプレイに表示するようにして各グループのタイムと順位が時系列で確認できるようにする。

図6　記録計測タイマー

（2）ミニ四駆の製作
① キットの組立て

　実習授業は，グループごとに選択したキットが異なるため，生徒には添付されている組立説明書を参照し，製作工程を各グループで確認しながら組立てるよう指示する。

　組立て作業は約1～2時間程度で完了させる。組立て作業終了後，すぐにミニ四駆をコースで試験走行させ，組立てに問題点がなかったか確認させる。この時点でコースの周回タイムを計測させる。この時点での周回タイムは，8秒半ば～13秒半ば程度になる。（図7，図8）

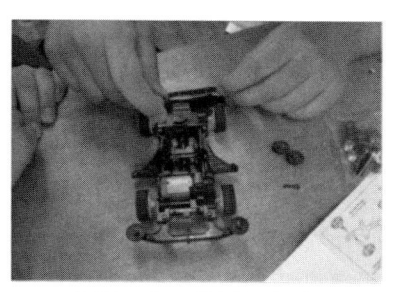

図7　ミニ四駆の組立

② 追加パーツの組立て・取り付け

　ミニ四駆の試験走行が終了後，追加パーツをミニ四駆に取り付けさせる。小さい部品が多く，生徒たちは組立てに苦労するが，30分～1時間程度で完成させる。完成後，2回目の試験走行をさせるが，この段階で軸受に注油する必要性を周回タイムの差から実感させる。

図8　体育館でのコース走行

③ 部品の微調整

　iPadに入力した「最速への道～基本編～」を参考にして，ミニ四駆のコース周回タイムを短縮するために車体各部の調整をグループで行わせる（図9）。

　特にコーナー速度を向上させるためのローラ位置の調整や，ジャンプ台で車体を安定させるための追加パーツの取り付け位置や方向の調整を入念に行うよう指示する。

　資料の熟読により，ミニ四駆を分解して組立てや注油等をやり直す等，グループごとに様々な試行錯誤が見られる。調整を繰り返し行った結果，すべてのグループの周回タイムは10秒を切るようになる。

図9　iPadを参照しての微調整

第3節　B　エネルギー変換に関する技術科教育　　93

④ 潤滑油の注油

すべての軸受に潤滑油（モリブデンオイル）を丁寧に塗布できたミニ四駆は，常に6秒台の周回タイムを維持する。潤滑油を注油するだけでは記録が伸びなかったグループは，ギヤボックスの余分な部分をヤスリで削る等，車体を軽量化する工夫を行う。

最終記録は，最も速いミニ四駆は6秒台後半，最も遅いミニ四駆でも7秒台後半となり，組立て直後の記録から1秒〜6秒程度速くなる。

（3） iPadの活用
① セッティングシートの作成

毎時間のミニ四駆の組立て状況を各グループでiPadを利用して撮影させる。撮影した静止画から最良のものを選択させ，プリンタに送信してセッティングシートに印字させる。

作成したセッティングシートの利用方法は，授業時間ごとに，各グループで決めさせる。

そのため，ただ単にセッティングシートを作成するだけのグループや過去のセッティングシートを見ながら最善のミニ四駆のセッティングを割り出すグループ（図10）があり，その利用方法は多彩である。

図10　セッティングシートの作成

② 走行記録の確認

コースの周回タイムは，iPadのストップウォッチ機能を利用して手動でも測定させたが，ゴール地点のミニ四駆の通過速度が速いため，目視による手動計測では，車体の改良によるわずかな速度向上の効果を確認するには難が感じられた。周回タイムは，各グループで走行終了後にパソコンに入力させる。生徒には各グループの記録をディスプレイで確認させる（図11）。

図11　走行記録の確認

（4） テレビ会議システムの利用による交流学習

本授業を行った2校は，試験的にテレビ会議システムを使用したミニ四駆の交流授業を実施している。授業の最終日に実施したため，事前に両校による授業進度や時間割等の調整が必要であるが，両校の生徒達にとって，面識のない相手とのリアルタイムによる周回タイムの競争は，学級内での競争よりも達成感や成就感がより高められることが認められた。

まとめ・考察

◆まとめ◆

　実習授業中の生徒には，与えられた課題を達成するため，グループ内で協力して情報を収集したり，様々な意見を出し合ったりして製作を進めるなど，主体的に学習に取り組む様子が見受けられた。また，走行性能が低下するグループもあったが，グループ内でセッティング担当の生徒を批判するのではなく，性能低下の原因を追究し，新たな工夫を創造する活動も見られた。このことから生徒は，この授業を通してエネルギー変換に関する多くの知見や技能を得ることができたとともに，集団で課題解決に取り組む態度や，創意・工夫する態度が培われたと推察できる。

　iPadの使用については，オフラインでのWebページの活用であったが，最適なセッティング方法等の情報が比較的早く検索でき，また車体を改良するための情報量も十分であったため，有意義であったと言える。ストップウォッチ機能によるタイム計測も，セッティング効果の程度を知るための分かりやすい指標となった。また，授業時間ごとに作成させたセッティングシートを利用することにより，教師は指導助言や学習評価を的確に行うことができた。

◆考察◆

　今後，「エネルギー変換に関する技術」領域の指導にアクティブ・ラーニングを取り入れる場合，指導者には適切な題材を決定し，最適な教材・教具を選択する能力が求められるのは当然であるが，教科内容を指導する力量や授業を構成する力量をより一層高めておく必要がある。また，指導者が既存の指導方法に捕らわれないことや，授業を構想する段階で，指導者自身の創意・工夫を発揮することが重要な要素となると考えられる。

　最後に本稿の執筆にあたり御協力を賜った，河内長野市立美加の台中学校の北埜貴文教諭と立命館宇治中高等学校の木村慶太教諭に感謝の意を表します。

参考・引用

1) 文部科学省（2014）中央教育審議会（第95回）配布資料
　http://www.mext.go.jp/b_menu/shingi/chukyo/chukyo0/gijiroku/1353643.htm
2) 文部科学省（2008）中学校学習指導要領解説 技術・家庭科編
3) RedSaber（2010）HSV of a Racing Factory　－最速への道 〜基本編〜－
　http://redsaber.iaigiri.com/mini4%20kihon.htm（2015.07.04確認）

（吉田　誠）

第4節　C 生物育成に関する技術科教育

❶ 地域と連携を図る野菜の栽培
指導時数　15時間

◆**地域の特性**◆

　旭川市やその近郊は，明治初期の屯田兵入村以来，米作が盛んで，近年では「きらら397」「ゆめぴりか」など全国的なブランドとなったお米を生産する北海道の大穀倉地帯である。また，野菜作りも盛んで，「野菜の宝庫旭川」と言われるくらい数多くの種類の野菜が栽培され，道内出荷量が多いことでも知られている。さらに，地域には，農業センターや試験場があり，農家と連携して土作りや品種改良に努めている。私はこれらの環境を生物育成の授業に生かすことはできないかと，平成19年度から「旭川市農業センター」「旭川市農政部」との連携に取り組んでおり，旭川の農業についての出前授業や土作り講習会への参加，土壌分析の依頼などの事業を実施してきた。これらの地域の特色ある環境や教育力を活かして，今年度も題材設定をした。

図1　農業センターからの土壌分析の結果

図2　土作り講習会での様子

◆**題材設定の理由とねらい**◆

　生物育成に関する技術の内容について，これまで様々な実践報告がなされているが，技術科の他の内容と比較して，これほど地域性が反映されている内容はない。これは，指導する教師がより身近な題材を精選して生徒の興味・関心を高め，より主体的に学習に取り組むことができるよう教材研究を行い，地域の教育力を活かした創意工夫ある教育課程を編成しているということであろう。私はこの点に着目し，「アクティブ・ラーニング」を効果的に取り入れた授業を展開すれば，今ま

図3　旭川市農政部O氏講演

で以上の学習効果が期待できると考え，地域の教育力を最大限に活かし，旭川の気候や学校の育成環境を踏まえた野菜の栽培に取り組むこととした。生徒達は小学校時代にアサガオやヒマワリ，ミニトマトなどの栽培経験があり，生物育成に関する興味・関心は高い。そこで，学習の導入段階では身近な旭川・上川の農業について，旭川市農政部の専門担当者に講演をしていただき，その特徴について知る学習を取り入れた。また栽培実習では，旭川で収穫量の多い野菜や旭川の気象環境に適した野菜をグループで一つ選択し，育成することとした。実習の中では，農業センターの方の技術的なアドバイスを受ける中で，生物育成に関する基礎的・基本的知識と技能を習得することとした。さらに家庭科と連携し，収穫した野菜をつかい調理実習を行う中で，地産地消など食育との連携も図ることとした。

◆ **技術科としての「アクティブ・ラーニング」のおさえ** ◆

ものづくりなどの実践的・体験的活動が教育課程の中心に位置付けられ，それを通して基礎的・基本的知識及び技術を習得していくという学習過程をベースにしている技術科は，問題解決に向けて，自ら考え（思考），教師や友人とのコミュニケーションの中で自己決定し（判断），論理的に解決していく（表現）というアクティブ・ラーニングのアルゴリズムと一致している教科であるといえる。このような考えのもと，本校では技術・家庭科のスローガンを教室に掲示し意識的に活用するようにしている。

図4 教室に掲示してある教科のスローガン

◆ **「アクティブ・ラーニング」を意識した指導計画** ◆

旭川やその近郊の地域は地区別に育成している作物が分かれており，その状況がわかりやすく「野菜マップ」として旭川市農政部から発行されている。生徒達は，この「野菜マップ」を参考に，収穫までの日数などの制約条件を踏まえて，調理実習までを見通して，最終的に育成する作物をグループで話し合い決定した。その後，インターネットを活用して，育成方法を調べたり，それぞれの作物の育成上の留意点で防虫や追肥などの問題をどう解決していくのかなどについて話しあったりして栽培計画を立てた。それぞれ栽培は年2回行うこととし，1度目の栽培の中で経験したことを2度目の栽培に活かすことができるように計画させることとした。生徒達の主体的な学習活動を保障するのはもちろんだが，学習の目標を見失わないように留意した指導計画を立てた。

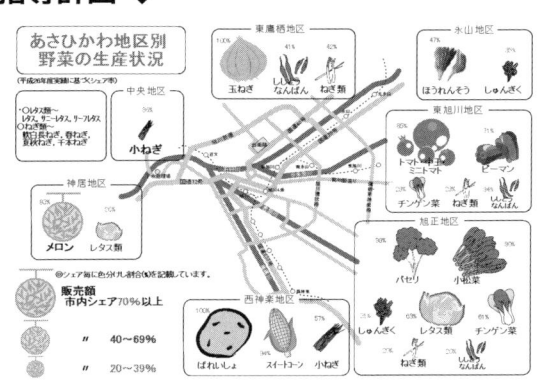

図5 旭川地区の野菜マップ

授業展開例

月	題材名	学習内容・活動	評価
4	①生物育成とは	○生物育成に関する技術についてインターネット、書籍などから、①〜④のそれぞれで目的に応じて活用されている技術を調査する。 **（情報活用）** ①食料生産　②燃料生産 ③材料生産　④生活環境の整備	創：環境条件の違いによる育成の違いについて整理してまとめようとしている。
	②作物や家畜などの特性と生物育成技術	○種まき、定植、収穫などの管理技術、整地、除草、施肥やかん水などの育成環境の管理技術について基礎的・基本的な知識及び技能を身に付ける	知：それぞれの場面で使われている技術について具体的にまとめようとしている。
	③生物育成のサイクル	○生物育成のサイクルの中で用いられている技術について知る。	
	④地域の生物育成	○旭川市の農業についてその特徴を知る。 ＜旭川市農政部の外部講師による講義＞	知：旭川の農業の特徴について複数の視点を整理してまとめようとしている。
5	①栽培ごよみ	○作物や品種による栽培時期の違いを調べる。 **（課題追求活動）**	関：環境に対する負荷の軽減や安全に配慮して栽培方法を検討しようとしている。
6	②環境要因	○環境要因の特徴について知る。	創：目的とする生物の育成に必要な条件を明確にし、社会的、環境的及び経済的側面などから、種類、資材、育成期間などを比較・検討した上で目的とする生物の成長に適した管理作業などを決定している。
7	③生物の規則性と技術	○育成する作物の規則性などについて調べる。	
8	④土作り、肥料	○育成する作物に適した環境について調べ育成の準備を行う。	

9	⑤たねまき・育苗と定植 ⑥定植後の管理 ⑦収穫の方法と保存，収穫後の管理 ⑧栽培計画	○育成する作物の成長段階における管理作業や，それに必要な設備等について調べる。 ○育成する作物の病気や害虫等に侵されにくい育成方法や，できるだけ薬品の量を少なくした防除方法などについて調べる。 ○作物の成長段階を確認しながら自分で立てた栽培計画を基に，栽培記録を付けながら管理作業を実践する。 ○栽培の記録と収穫した結果から自分の栽培計画をふり返る。 ○農業センター指導員の方に評価してもらう中で，問題点を把握する。 ○前回の育成結果やその経過から2回目の育成に必要な技術を考え栽培計画を立てる。 **（習得・活用学習）**	創：成長の変化をとらえ，育成する生物に応じて適切に対応している。 技：計画に基づき，適切な資材や用具を用いて，合理的な管理作業ができる。 知：育成する生物の各成長段階における肥料の給与量や方法をはじめとした管理作業及びそれに必要な資材，用具，設備などについての知識を身につけている。 知：育成する作物に発生しやすい病気や害虫等とともに，病気や害虫等に侵されにくい育成方法やできるだけ薬品量を少なくした防除方法についての知識を身につけている。
10	①社会・環境とのかかわり ②生物育成に関する技術と私達の未来	○現在と昔の農業を比較・検討する。 **（話し合い活動）** ○持続可能な社会のために生物育成に関する技術でこれからできることを考える。 **（創造的思考によるレポート）**	関：生物育成に関する技術の課題を進んで見つけ，社会的，環境的及び経済的側面などから比較・検討しようとしている。 創：生物育成に関する技術の課題を進んで見つけ，社会的，環境的及び経済的側面などから比較・検討する中で課題を解決する方策を見つけ出そうとしている。 知：生物育成に関する技術が社会や環境に果たしている役割と影響について理解している。

<太字はアクティブ・ラーニングを意識した活動＞

授業内容

(1) 準備

　今回の旭川で作られている野菜の栽培をするにあたって，残念ながら本校には学校菜園がないために露地栽培はできなかった。そこで，プランターを利用した容器栽培を行うこととした。生徒達が選択した野菜はコマツナ，チンゲンサイ，ホウレンソウなど葉ものが多いことから，防虫も必要になることを考え，プランターに支柱と防虫ネットが一体になったものを購入した。そのほか液肥散布用の噴霧器なども購入し，じょうろ（灌水用）や移植ごてなどはこれまでのものを使用することとした。プランターに入れる園芸用の土は，旭川市農政部からの働きかけで，教育委員会が予算を確保してくれ学校まで届けてくれることになった。

図6　支柱と防虫ネットがセットになったプランター

図7　教育委員会から届いた園芸用の土

(2) 土作りと種の植え付け

　届いた土を農業センターで土壌分析してもらったところ，少し石灰が必要だということがわかり，苦土石灰を混ぜて，プランターに土を入れた。予想よりもプランターに入る土の量が多く，運搬するのが大変であった。種の植え付けは，まだ気温が上がらない時期だったので室内で行い，朝晩の気温が5度を下回らないくらいになったら外に出すこととした。生徒達は，種のまき方についてインターネットを活用して調べ，すじまきや点まきなど自分たちでまき方を選択し，後で間引きをすることも考えて種の数も決めていた。**（A・Lの情報活用）**

図8　プランターに土を入れる様子

図9　種の植え付けを行う様子

（3） 発芽から管理

　1週間ほどで発芽している班もあり，最終的な発芽率は98％とかなり高い数値が出ていた。生徒達は，登校時や昼休み，下校時など水やりや除草などを行って記録をつけたり，写真を撮影したりした。天気予報などを調べ，校庭に出す班も出てきて場所を確保した。アスファルトに直接置かないようにアドバイスし，2×4の材料で脚をつくりその上に置くこととした。校庭に出したときに防虫ネットもセットした。**（A・Lの課題追求活動）**

図10　班毎にプレートをつけて管理

図11　教室内で水やりをする様子

図12　発芽し校庭にプランターを移す様子

図13　防虫ネットをセットしている様子

図14　水やりと除草をしている様子

図15　中耕した後間引きをした様子

（4）追肥・中耕

　校庭にプランターを出した翌週から気温が下がり，雨も続いたために生育が思ったより進まず，一度また屋内に入れるなどの対応をした班もあった。幸い，次の週からは天候が回復し，順調に生育してきた。肥料についてもインターネットで調べ，こちらで準備したものの中から選択して追肥を行っていた。6月の中旬には一度中耕を行い，普段は，水やりや除草したりするなどの管理を行っていた。**（A・Lの課題追求活動）**

図16　追肥をしている様子

図17　栽培日誌の記録

（5）問題への対応

　順調に生育してきた班も多かったが，25日目頃に，生徒が「先生，葉が何かの虫に食べられています」と報告してきた。早速，写真を撮り農業センターの技術指導員の方に画像を送付したところ，バッタの幼虫であることが判明した。対策としては捕殺または追い出す必要があるというアドバイスをいただき，生徒達と一緒に駆除に取り組んだ。やはり小さな幼虫がプランターの縁にくっついていたり，土の中にも幼虫がいたりした。目に見えるものは駆除したが，今後も発生が予想されるため毎日様子を見るようにアドバイスした。生徒達は技術専門員の方の適切なアドバイスに感心するとともに，益々興味をもって管理に取り組むようになった。さらに農業センターからキスジノミハムシの仕業ということもあるので，被害が収まらない場合は連絡を下さいとのことで手厚いサポートをしていただいた。**（関係機関との連携）**

図18　バッタによる食害の様子

図19　農業センターからのメール

（6） 収穫

　班によって生育状況が異なり，収穫時期をそろえることが難しかったが，なんとか１学期中にはすべての班で収穫を終えた。班毎に秤で収穫量を測定し記録した。残念ながら，虫食いで収穫ができなかった班もあったが，作物を作ることの難しさや農業技術について考えるきっかけとなり，社会や環境についても学ぶ意欲につながった。**（Ａ・Ｌの創造的思考）**

図20　収穫量を測定する様子　　　　　　　　図21　調理実習をする様子

まとめ・考察

　新しい学習指導要領のキーワードとなるといわれている「アクティブ・ラーニング」について，今回は生徒の主体的な活動を軸とした指導計画を立て実践した。極力一方向の知識や技能を伝達する授業から脱却するよう努め，課題を与え，問題意識をもたせることを行い，調べる学習を保障するための時間を作るようにした。さらに，話し合い活動をする中で自己決定をする場面を設定した。地域の教育力を生かし，教育委員会・旭川市農政部・旭川市農業センターなどの関係機関と連携して，より専門的な内容にも踏み込んでみた。

　このような授業を進めていく中で，生徒達に大きな変容が見られるようになった。今までも，「先生今日何するの？」と一定の関心をもって授業に臨んではいたが，「葉っぱが黄色くなってきて，調べたところ肥料が不足しているみたいなので，今日は追肥をしたいので肥料を少しもらえますか？」「肥料の種類について調べたのですが○○という肥料はありますか？」「葉っぱに穴が空いていて虫に食われているようなので，農業センターの方にどんな対処方法があるのか教えてほしいのですが？」など，問題意識を常にもち，それを自ら解決するための学習活動が見られるようになってきたのである。自ら経験したことが本物の知識や技術の習得につながっていると実感するとともに，生徒達が本来もっている探求心のようなものが表れた授業となった。２学期からは２回目の栽培に取り組むが，再度目標設定を行い主体的な学習になるよう指導をしていく予定である。

　技術科として「アクティブ・ラーニング」をどのようにとらえるかは今後様々な考え方がでてくるであろう。また学習のスタイルだけを変えても本質的な教科の目標や指導内容は変わりないので，「アクティブ・ラーニング」を効果的にどのような場面でとりいれるか，今後もさらに研究を進めていきたい。

（坂田　幸親）

第4節　C 生物育成に関する技術科教育

❷ これからの時代に求められる生物育成
指導時数　10～15時間　　キーワード　目的の明確化, 協働, 工学的な思考

◆ 題材設定の理由とねらい ◆

「**トマトが赤くなると医者が青くなる**」,「**作を肥やさず土を肥やせ**」など, 作物や畑の状態に関わる「諺」が多くある。これは, 作物の栽培が我々の生活に密着したものであったことであり, 長い年月をかけて改良・工夫されてきた作物や土（田畑）に関する管理技術は, 親から子へ自然と受け継がれ, 生徒にとって身近なものであったと考えられる。

現在の中学生にとって, 作物や土壌（田畑）などに関する管理技術（以下：生物育成に関する技術）は身近なものとは言えず, 生物育成に関する技術の進歩や流通網の整備と相まって, 時期を問わずに野菜などが安定供給されている。つまり, 生物育成に関する技術はブラックボックスと化し, 作物は工業製品と同様にスーパー等の店舗で購入する「製品」であり, 土壌は「材料」の一部として認識されている可能性が考えられる。これらの状況を改善するために, 専門教育ではなく普通教育として本教科において生物育成に関する技術を学ぶことが必修化されたことは大変意義深いことである。

本題材では, 同一品種のトマトを異なる栽培方法を用いて協働で育成する学習活動を行う。それぞれの栽培方法に込められた先人の知恵, 新たに開発されている栽培方法について知り, トマトの成長の変化に応じて管理作業の方法を工夫する能力と態度を養うとともに, 作物を取り巻く育成環境を管理する方法の進歩や新しい発想を生み出す価値について気付かせることをねらいとして実施する。

◆ 題材の特色 ◆

「共通の栽培目的を提示する。」「工学的な思考方法を活用する。」「グループで複数の作物を協働で栽培する。」の3点が題材の特色である。

本題材ではトマト栽培を露地栽培, 容器栽培等で実施する。生徒には, 教師が提示する一般的な栽培方法と比較して,「収量を増やす」,「糖度を上げる」の二つを「共通の栽培目的」として提示する。目的の達成状況を数値で評価できる内容にすることで, 生徒は「A　材料と加工に関する技術」で培った「工学的な思考方法」を用いて具体的な栽培方法を考えることにつながると考えたからである。「工学的な思考方法」とは, ある目的を達成するためにどのような手段をとらなくてはならないかについて, 目的を更に小さな目的へと分割し, 具体的な手立てを考える方法である。例えば, 露地栽培では,「収量を増やす」ために「よい土壌をつくる」ことが小さな目的となり, その目的を達成するための具体的な方法として, 学習した基礎的・基本的な知識及び技能である土壌の性質の測定方法やそれに応じた肥料の質や量の調整など「よい土壌をつくる」方法を考えることである。

生徒は目的を達成するために, このような思考を継続することで,「ただなんとなく」,「う

まくいきそうだから」と考えトマトの栽培に取り組むのではなく，グループで「協働」してトマトの栽培に主体的に取り組むことができる。また，自分たちが選択した方法が，なぜその目的を達成することにつながるのかということが明確に説明できるようになると考える。

授業展開例

学習項目 ※は10時間の場合	学習内容・手順等	指導のポイント ★はアクティブ・ラーニングを充実させる手立て
栽培目的の 明確化 （1時間）	●トマトの栽培目的を共有するとともに学習活動の見通しをもつ。 【栽培目的】 ・収量を増やす。 ・糖度を上げる。	★収量や糖度の目安を示す。 ★グループ編成を行う。 （2～3人のグループ）
作物の栽培に 必要な基礎的・ 基本的な知識 及び技能の習得 （2時間） ※1.5時間	●生物の育成に適する条件，育成環境を管理する方法及び栽培する作物の特性や生育の規則性について確認する。 ●土壌酸度計，糖度計，雨量計等，測定機器の使用方法について確認する。	★気象的要素，土壌的要素，生物的要素など，生徒が目的を達成するために必要となる内容を端的に示す。 ★測定機器を使用して，数値など明確な基準に基づいた管理作業が重要であることに気付かせる。
育成計画の立案 （2時間） ※1.5時間	●目的を達成するためのトマトの育成計画を立案する。	★教師の実施している通常の栽培方法について確認させた後，グループで目的に応じた栽培方法を考え，発表させる。
管理作業 （8時間） ※4時間	●栽培計画に基づき，作物の状態に応じた管理作業を行う。	★栽培計画表，記録表を活用し，実施した管理作業の記録を取らせる。
生物育成に 関する技術の 評価と活用 （2時間）	●収量や糖度を確認した後，実施した管理作業の評価を行うとともに，現在，注目されている生物育成に関する技術を紹介し，新しい発想を生み出すことの価値について確認する。	★畑の土づくりについてはSOFIX（土壌肥沃度指標），土を極力必要としない栽培方法は，ハイドロゲルを活用したアイメック農法を紹介する。

授 業 内 容

（1） 栽培目的の明確化

　トマトをグループで栽培すること，教師の栽培したトマトと比較して「収量を増やす」「糖度を上げる」ことが目的となることを生徒に提示する。その際に，これまでのものづくり経験を想起させることが大切である。

　本題材は，第2学年での実践を考えているため，第1学年で行った「A　材料と加工に関する技術」で行ったものづくりについて想起させ，そこでの成功体験をふり返るとともに，目的に応じたものづくりを行う際の手順である「目的の明確化，計画，実践，評価，改善」のサイクルをトマトの栽培にあてはめて考えさせることである（表1）。

表1　「A　材料と加工に関する技術」のものづくりと
「C　生物育成に関する技術」におけるものづくり（作物の栽培）との関連

	「C　生物育成に関する技術」	「A　材料と加工に関する技術」
目的の明確化	教師のトマトより「収量を上げる」「糖度を上げる」こと	例）木材を利用して，自分の机の上を整理する小物を作成すること
製作に必要な基礎的・基本的な知識及び技能の習得		
設計	栽培計画表の作成（協働）	構想図，製作図，部品表，工程表の作成（個人）
製作	・播種，間引き，育苗，植付け ・作物の状態に応じた管理作業（かん水，除草，摘芽，摘しん，中耕，土寄せ，追肥，病害虫の駆除） ・目的を達成するための管理作業 ・栽培記録の作成	・けがき，切断，切削，穴あけ ・組立て，仕上げ
評価	・製作図，部品表，工程表，栽培計画表・記録表など計画と結果の齟齬とその理由について考察 ・活用した技術と社会，環境，経済との関わりについての考察	
改善	・今後の技術活用に向けた意欲・態度の形成 ・将来に向けた新しい技術を生み出す価値についての理解	

　これらの取組を通して，目的に応じたトマトの栽培が「ものづくり」の一環であることを理解させるとともに，学習の見通しをもたせ，基礎的・基本的な知識及び技能を身に付け，それらを活用しながら目的に応じた管理作業（工夫）を行うことが，新しい発想を生み出すことにつながることを実践させることが大切である。

（2） 作物の栽培に必要な基礎的・基本的な知識及び技能の習得

　教師が栽培するトマトの栽培方法を題材として，基礎的・基本的な知識及び技能について生徒に説明する。その際，教科書等の資料を提示しながら，教師は露地栽培（図１）でトマトを育成すること，気象，土壌，生物のそれぞれの要因に関して，特に手を入れることなく栽培することを伝え，生徒が目的に応じて工夫するポイントを明確にできるようにする。

　生徒には，露地栽培に関しては，原産地を示し，気象的要因に関わる雨量を調整することを見いださせたり，生物的要因，土壌的要因に関して，肥料や地温を調整したりすることに気付かせることが大切である。また，容器栽培（図２）に関しては，空き教室で栽培することで施設栽培と同様に完全に気象的要因を管理できることに気付かせたり，養液栽培（図３）では，生物的要因，土壌的要因を簡単に調整できることに気付かせたりすることが大切である。

　また，播種の時期や生育に必要な気温，生育の特性や規則性（図４）などにも配慮させるため，タネ袋の裏面（図５）を示したり，映像を用いてトマトの収穫の様子を観察させたりするなどの手立ても考えられる。

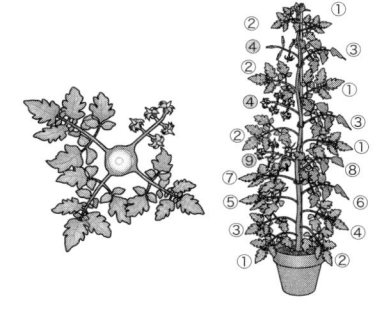

図１　露地栽培　　図２　容器栽培　　図３　養液栽培

図４　生育の規則性

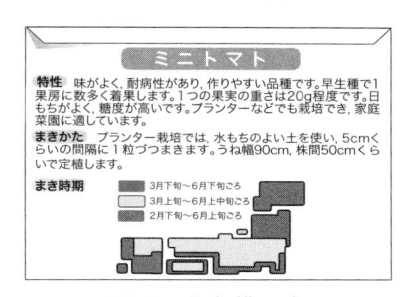

図５　タネ袋の裏

（3） 育成計画の立案・管理作業の実施

　「（2）　作物の栽培に必要な基礎的・基本的な知識及び技能の習得」で学習した内容，個人で考えた目的に応じた工夫を持ち寄り，グループで協働して目的を達成するための管理作業の計画を立てさせる。その際，グループで主体的に学習活動に取り組むことができるよう，目的に応じた管理作業の計画と作物の状態に応じて実施した管理作業を記録する欄も準備するなど，計画と記録を一体化させた栽培計画・記録表を生徒に提示し，工学的な思考方法を用いてトマトの管理作業を計画・実践できるようにすることが大切である（表２）。

　表２では，収量を増やし糖度を増す工夫として，作物の特性を考慮して雨量を調節したり，かん水の量を調整したりするなどの工夫，土に塩分を混ぜるなどの工夫例を示している。生徒がインターネットや書籍から調べたり，グループで考え出したりした栽培方法について，大がかりな施設や設備がなくても学校にある機材などで挑戦できるよう，教師と生徒，生徒同士の話し合いなどを通して，目的に応じた工夫が行えるよう指導することが大切である。

また，教師は栽培場所を決めるための情報を提示し，栽培場所を選定させたり（図6），学校で準備できる栽培に必要な資材，用具を提示し（図7），具体的な栽培方法を決定させたりするなど，生徒が限られた条件の中で目的を達成するために，工学的な思考方法を用いて最適解を求める姿勢を育むことが大切である。

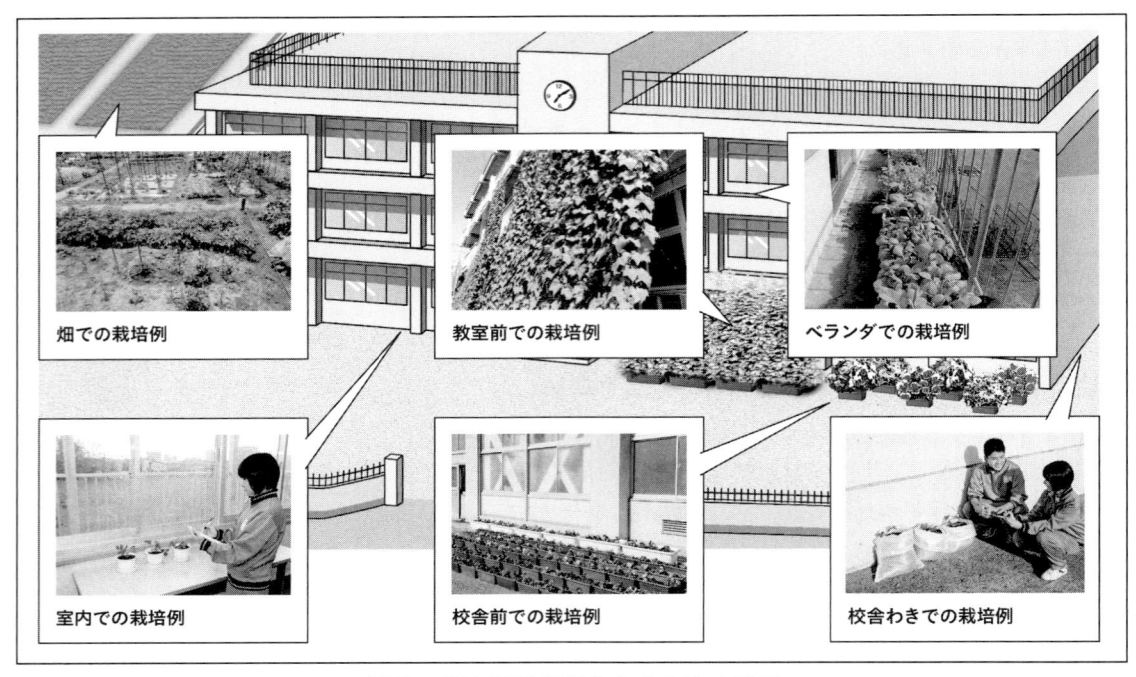

図6　栽培場所を選定するための情報

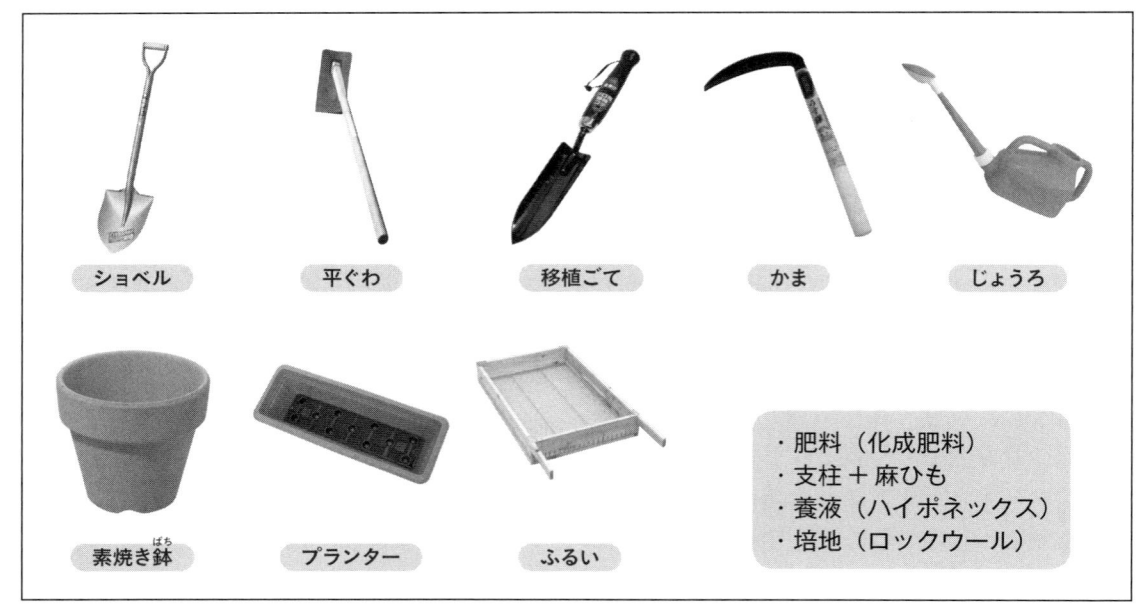

図7　学校で準備できる資材及び用具

表2 トマトの栽培計画・記録表

トマトの栽培・記録表		2年　　組 グループメンバー（　　　　　　　）	
栽培目的		教師の栽培作物より収量を増やす，糖度を上げる	
栽培場所		学校園及び空き教室	
作物の特性と 生育の規則性		・第1花房から3葉おきに花房がつき，葉と花房の方向が決まっている。 ・アンデスが原産地のため，湿度を嫌う傾向にある。	
目的を達成する ための方法		・露地栽培においては雨よけのビニールをかけ，表面から吸収する水分量を調整し，少なくする。 ・容器栽培においては，雨が当たらない場所で育てるとともに，降水量を記録して，少ない水量で栽培する。	
準備物		・ビニールシート（透明），土に混ぜる塩分	
（学校で準備）		必要な栽培用具，たい肥，容器，液肥，化成肥料，糖度計，雨量計，はかり　など	
	栽培計画		成長及び作物の状態に応じた管理作業の記録	
	露地栽培	容器栽培or 養液栽培	露地栽培	容器栽培 or 養液栽培
1	たねまき			
2	畑・資材の準備			
4	追肥		スケッチ 気　温（　　　　）℃ 前回からの降水量（　　　）ml	スケッチ 気　温（　　　　）℃ かん水量　（　　　）ml
	収穫量及び糖度			

（4） 生物育成に関する技術の評価と活用

　表2で示した栽培方法は，生徒が調べたり考え出したりした栽培方法であるが，長い年月の中で改良・工夫されてきた伝統的な技術の一つである。そこで，現在注目を集めている二つの生物育成に関する技術について紹介し，新しい発想を生み出すことの価値について確認する。一つは，化学肥料や農薬を活用する慣行農法ではなく，有機農法の活性化を目指すための技術であり，もう一つは，東日本大震災で被災した地域において農地が汚染され，通常の農業が不可能な場所でも作物の栽培を可能にした技術である。

① SOFIX（土壌肥沃度指標）を用いた安定的な有機農業の実現

　土壌肥沃度指標（SOFIX:Soil Fertile Index）は，生物指標による農耕地土壌の診断技術である。

　従来の土壌診断技術や施肥では，土壌の化学的性質しかみておらず，土壌の生物的性質，すなわち土壌微生物の働きによって土のなかで何が起こっているのかを見ることができなかった。特に，化学肥料等を使わない有機農業などでは，「土づくり」は経験に頼らざるを得ず，場合によっては収量が十分に得られない，安定的な生産が出来ない等の問題が指摘されてきた。SOFIXは，土壌中の微生物量や微生物による窒素循環活性，リン循環活性などを数量的に表すことで従来の技術では困難であった生物的分析を行えるようにして，有機肥料を用いた「土づくり」の科学的な処方箋を出すことを可能にした。

　これは，これまで農業を実施している人の知識や経験値でしか確認することができなかった土壌の状態を「見える化」し，目的に応じて土壌を工学的に分析・改善を加えることができるようにした技術の進歩である。

② ハイドロゲルを活用したアイメック農法による非耕作地における農業の展開

　アイメック®（フィルム農法）は，汚染土壌，砂漠，コンクリートなど従来の農業が不可能な場所でも安全，高栄養価農産物の安定的な生産を可能にするという新技術である（図8）。この技術は以下の特徴がある。

```
1  天候に左右されない
2  無農薬でも土を使わないので作りやすい
3  厳しい環境でも（中近東や東南アジアなど）
   農業ができる
4  菌を通さないので夏でも雑菌が増えない
5  都会のヒートアイランド現象対策として土と
   ハイドロゲルを混ぜてビルの屋上などで芝生を
   育てることができる
6  水を吸い上げ辛いので，果物や野菜が自分の
   力で糖分の濃度を高めて美味しくなる
```

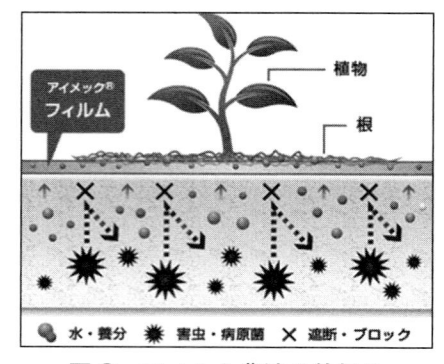

図8　フィルム農法の仕組み

　以上，今後の生物育成に関する技術の発展につながると考えられる二つの技術を生徒に紹介し，自分たちの栽培体験を基にこれらの技術が開発されたことの価値について考え評価させることが大切である。

これらの技術は，土壌の地力増大，人口増加に向けた耕作地の拡大及び非耕作地の使用などによる生産性の向上につながっている。生徒には，人口の増加やそれに伴う水不足や耕作地不足の解消が喫緊の課題であることや，我々の生活を豊かにしている技術の価値に気付かせ，将来，生物育成に関する技術の利用者となった場合の心構えや行動，技術の開発者となった場合の心構えや目指す方向性について考えさせる。そのことが，本題材の最終的な目標でもある，生物育成に関する技術を評価し活用する能力と態度の育成につながると考えられる。

まとめ・考察

　自ら考え，論理的に表現し，課題解決に向けて，他者と協議しながら行う主体的な学びを中心とする授業がアクティブ・ラーニングの定義とされている。そのため，本題材では，「C 生物育成に関する技術」の内容がねらいとしている能力や態度の育成を目指し，教師の働きかけとして，「全員共通の栽培目的を提示する。」「グループで複数の作物を協働で栽培させる。」「工学的な思考方法を活用させる。」の3点を実施した。

　アクティブ・ラーニングはあくまでも授業形態の一つであり，それを実施することで，生徒にどのような能力と態度を育成するのかが問われている。技術分野の学習においては，技術を評価し活用する能力と態度を育成することが目標であり，本題材においては，作物の栽培目的を明確にして，工学的な思考方法を用いて目的に応じた栽培方法をグループで考え，協働して計画的に管理作業を実施し，それらの経験を基に，これまで活用されてきた技術の評価や新しい技術を生み出すことの価値，今後の技術活用について考えることで，生物育成に関する技術を適切に評価し活用する能力と態度を養うことをねらいとした。

　我々の生活を豊かにしてきた様々なものづくりの「技術」は，今後ますますブラックボックス化することが懸念される。また，情報に関する技術の進歩は，これまでの職業の概念や必要な人員を大きく変えることが予想されている。このような社会を生きる中学生にとって，技術分野の学習は，身に付けた知識や技能を用いて問題解決に取り組む中で，様々な技術を統合して物事を解決したり，解決を図るために「人」「もの」「時間」「方法」等を効果的に組み合わせるなどのいわゆるマネジメント能力を身に付けたりするためにも重要な教科である。

　これからの21世紀を生きる生徒に対し，これまでと同様に教科目標や題材の目標を実現するために，題材における学習活動にアクティブ・ラーニングを取り入れ，技術分野の学習が大きな役割を果たす生徒の創造性を高め，工学的な思考方法を生かした協働的且つ主体的な問題解決の能力を養う指導を充実することがより一層求められている。

参考URL
① SOFIX（土壌肥沃度指標）
　http://www.ritsumei.ac.jp/acd/re/b-liaison/COI-T_SLI/sofix.html
② ハイドロゲルを活用したアイメック農法による非耕作地における農業の展開
　http://www.mebiol.co.jp/product/

（大西　有）

第4節　C 生物育成に関する技術科教育

❸ 栽培ユニットによる主体的・能動的な学習
指導時数　12〜13時間

◆ 題材設定の理由とねらい ◆

　技術科の授業では実践的・体験的な学習活動を通して基礎的・基本的な知識及び技術を習得させることから，生徒に主体的・能動的な学習を展開できる題材開発が求められている。そしてこのことは，アメリカ国立訓練研究所のラーニングピラミッドにおいて，「経験する」ことで学習の定着率が75％になるという高い数値を示していることと一致している。

　技術科「生物育成」の題材の一例として，基礎的な栽培技術を自主的に学習させるために，栽培ユニットを開発した。本栽培ユニットは，生物育成の学習内容を包含する指導計画に基づき，主題材として「ダイコンの袋栽培」を，副題材として「アロマティカスの栽培」を組み合わせることで，補完したり関連づけたりでき，中学校技術科における栽培学習に取り組みやすい内容となるように工夫した。

　授業実践として主題材の「ダイコンの袋栽培」は，たねまきから収穫までを経験させることにより達成感を味わわせることができる。そして，「実がなった」「元気に育った」などの成功経験は，他の野菜にもチャレンジしてみたいという生徒の動機づけにもつながる。副題材の「アロマティカスの栽培」は，さし木や鉢あげを経験させることができ，夏季休業中などは家庭に持ち帰らせ生徒に管理をさせる。課題レポートとして観察記録をとらせることで，栽培管理のふり返りをさせるとともに，家庭で世話をしている様子を保護者から評価してもらうことで，生徒の自己肯定感を高めることができる。また，栽培学習を実施する上で課題でもある，花壇や栽培圃場などの「場所」及び長期休業期間の「管理」にも対応している。

◆ 題材の特色 ◆

　本題材は，作物の栽培を扱うものとし，主題材として作物の栽培から「生産」に関わる基礎的・基本的な知識及び技術の習得を図る目的から野菜を取り上げる。また，副題材として「活用」に関わる基礎的・基本的な知識及び技術の習得を図る目的から観賞用の植物を取り上げる。

（1）　主題材の条件

　主題材としての野菜の栽培では，たねまき，定植や収穫などの作物の管理技術，除草，施肥やかん水などの育成環境の管理技術を学習させ，収穫後は家庭分野の調理実習への発展が可能である。

【ダイコンの栽培】

　ダイコンは，春まき，秋まきができ，それぞれ夏季休業及び冬季休業までの収穫が可能である。袋栽培にすることで学校敷地内の日当たりの良いスペースを利用でき，必要に応じて移動させることもできる。また，ダイコンは野菜を育てるための基礎的な作業を一通り学習させることができる。さらに，栄養価としても，根にはビタミンＣ，カリウム，カルシウム，食物繊

維を，葉にはビタミンC・E，βカロテン等を豊富に含んでおり，学校で育てたダイコンを生徒が収穫し，学習の成果物として家庭に持ち帰っても家族に喜ばれる野菜の一つである。

また，ダイコンは地域ごとにさまざまな形の品種があり，食べ方もさまざまで，地域の環境や食文化とともに発展してきたことなどについて班などのグループ学習をさせることもできる。さらに，秋ダイコンの栽培は生徒にとって比較的容易であり，土作り，肥料，病害虫，たねまき，間引きや土寄せ，収穫などの内容を実践的・体験的に学習させることができる。

（2） 副題材の条件

副題材としてのアロマティカスの栽培では，主題材の学習を実施するまでに，あらかじめ基礎的な栽培技術を学習することができ，主題材にはない栽培技術が含まれている。そして，学校での栽培学習を終えた後でも，家庭に持ち帰り植物を育てることで，継続的に生徒の感性を育てることができると考え，長期間育てることのできる多年草の植物で，室内での管理が可能である観葉植物やハーブ等を取り上げることとした。

【アロマティカスの栽培】

アロマティカスは，「育てる芳香剤」と言われており，葉を手でさわると良い香りがするため人気を呼び，ここ数年，園芸店の店先に並ぶようになった。海外では，お菓子や紅茶などの香り付けやリキュールの材料として知られており，肉厚な葉は水を蓄える性質があり，管理がしやすいことも人気が出た要因の一つと考えられる。

栽培学習の授業では，さし芽や鉢あげ，施肥，病害虫などについての栽培技術を学習することができ，室内で育てることが可能であるため，生徒が家庭に持ち帰って管理をすることが容易である。さらに，ハーブティーや料理にも使えることから，家庭科との連携も考えられる。

表1に栽培ユニットの実践例を示す。1年間を通して，前半に副題材の「アロマティカスの栽培」を，後半に主題材の「ダイコンの袋栽培」を組み合わせて計画した。

副題材の「アロマティカスの栽培」では，5月上旬にさし芽を行い，6月に鉢あげをする。その後，2～3週間は学校で管理し，夏季休業中は家庭に持ち帰らせ生徒に管理させる。その際，観察記録を課題として設定し，休み明けに提出させる。また，家庭でアロマティカスの世話をしている生徒の様子などについて保護者にアンケートを依頼する。

主題材としての「ダイコンの栽培」では，9月上旬にたねまき，中旬に間引きと土寄せを行う。その後は，個々の生徒に草取りや害虫駆除など，日常の管理を行わせながら栽培記録をとらせる。12月上旬に収穫したダイコンを家庭に持ち帰らせたり，家庭科の調理実習などに活用したりできる。

本題材の学習内容として，1「私たちの生活と生物育成（2時間）」，2「生物の栽培（8時間）」，3「生物育成に関する技術と私たち（2時間）」，計12時間で計画している。また，評価規準については，学習指導要領の「C 生物育成の技術」の指導内容を網羅しており，観点別評価についても，4観点のバランスを配慮している。

表1　栽培ユニットの実践例

授業展開例

No	主題材	副題材	時間	学習活動	学習活動に即した評価規準	観点 関	観点 工	観点 技	観点 知
1	○	○	2 (1) (1)	1「私たちの生活と生物育成」 ・生物育成の意味とその目的，自らの生活における役割を考える ・生物育成の特性が，生物育成技術と深く関わっていることを考える ・生活に有効利用されている生物育成技術の流れを確かめる	・さまざまな生物育成に関する技術を評価し活用しようとしている	○			
2	○		8 (1)	2「生物の栽培」 ・自らの地域に応じたダイコンの基本的な栽培方法について調べる ・地域による栽培時期の違いを知り，栽培に見通しをもち利用例を考える	・作物を栽培するために必要な管理作業，及びそれに必要な資材，用具，設備などを指摘できる				○
3	○		(1)	・栽培計画を環境負荷や消費者の安全・知的財産の尊重などの視点から検討する	・省資源や消費者の安全などに配慮して計画しようとしている【栽培計画表】	○			
4	○	○	(1)	作物の育成に適する条件を理解する ・さまざまな環境要因を知り，育成環境を管理することで，目的に合った栽培ができることを考える ・状況に応じてどの栽培方法を選択するか考える ・学校のまわりなど，身近なところから環境要因を考える	・光，大気，温度，水，土，他の生物などいろいろな環境要因が生物の成長に与える影響について指摘できる				○
5	○	○	(1)	・栽培に適した土の条件やたい肥について理解し，目的や場所に応じた土づくり，施肥ができる	・栽培に適した土の条件や堆肥について理解し，目的や場所に応じた土づくり，施肥ができる			○	
6	○	○	(1) (2)	・たねまきのしかたやよい苗の条件，間引き，土寄せについて理解し，適切に作業を行う ・さし芽，鉢あげについて理解し適切に作業を行う	・たねまき，さし芽，鉢あげのしかたやよい苗の条件について理解し，目的や場所に応じた育苗の作業ができる			○	
7	○	○	(1)	・ダイコンやアロマティカスの成長の変化をとらえ，適切な対応について考え作業を行う ・ダイコンやアロマティカスの成長を観察し，その変化に応じて栽培計画の修正を行う	・ダイコン・アロマティカスの管理作業に必要な用具や資材を適切に使用し，合理的で安全に配慮した作業ができる ・ダイコン・アロマティカスの成長や状態に応じて管理作業及び栽培方法を選択し，工夫・改善している		○	○	
8	○		2 (1) (1)	3「生物育成に関する技術と私たち」 ・スーパーなどで販売されているダイコンと，自分の育てたダイコンについて，材料費，人件費などを計算するとともに，社会的，環境的及び経済的側面から比較検討する ・生物育成の技術における課題を見つけ，適切な解決策について考える	・生物育成に関する技術の課題を進んで見つけ，社会的，環境的及び経済的側面などから比較・検討しようとするとともに，新しい発想を生み出し解決策を示そうとしている	○			
					・生物育成に関する技術の課題を進んで見つけ，社会的，環境的及び経済的側面などから比較検討した上で，最適な解決策を見いだしている		○		
					・生物育成に関する技術が社会や環境に果たしている役割と影響について説明できる				○

授業内容例

◆ 授業実践 ◆
（1） 副題材「アロマティカスの栽培」
　アロマティカスの鉢あげを6月に行なう。鉢あげ後2～3週間は学校で管理し，生育状況を確認したのち，7月には家に持ち帰らせ，生徒に管理させる。

［授業実践（鉢あげ）の手順］
　グループで鉢あげ作業を行ない，分からないことは教え合い，ペアで作業の確認を行わせる。
① ペットボトルの容器を準備させる。
　今回，アロマティカスの容器として利用したペットボトルは，清涼飲料水の容器を再利用することから，環境教育の観点にも視点をあてることができる。また，透明なペットボトルを利用すると，灌水の際に容器内の水量が見て分かりやすい。さらに，ペットボトルは，すべての家庭で準備ができ，落としたりぶつけたりしても割れないことが利点といえる。

図1　ソフトシリカ

② ソフトシリカ（珪酸塩白土）を容器の底から1cmくらい入れる。

③ ハイドロコーンを容器の半分くらい入れる。

図2　ハイドロコーン

④ アロマティカスの苗を，根を傷つけないように容器の中央に持っていき，その周りにハイドロコーンをていねいに入れる。

⑤ 容器の端2カ所に割り箸で穴を空け，緩効性肥料を1粒ずつ入れ，肥料が空気に触れないように上からハイドロコーンを被せる。

⑥ ソフトシリカ（容器の底から1cm）が浸るくらい水を入れる。その後の管理として，乾いたら水を与えるようにする。

図3　鉢あげ作業の様子

[授業前後の調査から]

事後調査の結果，表2に示すように「栽培に興味があるか」「アロマティカスを育ててみたい」という設問には，授業前に比べて授業後の得点平均が高くなった。

表2 授業前後の比較

項目	事前 平均	事前 偏差	事後 平均	事後 偏差	
栽培に興味がある	2.88	1.15	3.08	0.93	
アロマティカスを育ててみたい	2.88	1.19	3.04	1.01	
鉢上げ作業は楽しい	2.42	1.10	2.96	1.08	＊
栽培実習は今後の生活に役立つか	3.29	0.91	3.42	0.88	

N=24, t検定（対応あり），＊p<.05

「鉢あげ作業は楽しいと思うか」の設問では，事前の得点平均が2.42であるのに対し，事後の得点平均が2.96と高くなっており，有意差が認められた。このことから，鉢あげについて事前では約半数の生徒が「楽しくない」と回答していたが，事後では鉢あげは「楽しい」と肯定的に考える生徒が増加した。このことから，生徒が実際，鉢上げなどの作業を経験することで肯定的な意識が高まることが分かった。

「栽培実習は今後の生活に役立つと思うか」という設問には，事前の得点平均が3.29で，事後の得点平均が3.42と，少しではあるが得点が高くなった。事前の得点平均が3.29で高いことから，多くの生徒はこれまでの栽培経験が，生活に役立っていると考えていることが推察される。それが今回，アロマティカスの鉢あげを経験したことにより，さらに得点が高まったものと考える。その他に「アロマティカスを料理などに使ってみたいか」という設問では，「思う」または「どちらかといえば思う」が65％であり，3分の2の生徒が，ハーブとして食への利用をしたいと考えていることが分かった。また，今回の調査で「楽しくない」と感じた生徒について，技術科担当教師による聞き取りを行ったところ，「植物より動物の方が好きだから」「植物や鉢あげ作業に関心がない」という回答が得られた。また，「作業が苦手だから難しいと感じた」や「根に注意して，土を入れる作業が難しかった」という作業に難易度を感じた生徒や，「植物が嫌いだから難しいと感じた」など，興味・関心がないことから，学習題材としての植物が嫌いと考えたことが分かった。このことから，栽培を学習することの意義を生徒に認識させることが重要である。さらに，鉢あげ作業が「楽しくない」及び「難しい」に回答した生徒の自由記述から，「ぜんぜん育たない」や「弱そうだった」という感想が得られたことから，生徒が実習で使用するアロマティカスの苗は，丈夫なものを準備する必要があり，鉢あげをしたアロマティカスの生育が良いことが，生徒が植物を育てることに興味を持つきっかけになると推察される。また，生徒へのアンケート及び保護者のアンケートから，次のような感想が得られ，共に栽培学習への肯定的な感想が確認された。

【生徒の感想から】

○小さくて，家の中で育てることが出来て，育てやすい植物だと思います。夏休み中は，部活動等で，忙しかったのですが，枯れなかったので好印象です。
○葉っぱからいい香りがする。かわいい。

【保護者の感想から『栽培経験』】

○子どもに植物を育てる経験をしてもらうのは，とても良いことだと思います。
○普段，家にある植物にあまり興味を示さない娘ですが，アロマティカスを持ち帰ってからは，こまめに様子を見ています。

（2）主題材「ダイコンの袋栽培」
[授業後の調査結果]

ダイコンの袋栽培における授業後の結果から，表3に示すように「ダイコンの袋栽培に興味を持った」など，すべての項目の得点平均が，ほとんどの項目で高かった。また，男女別で比較したところ，顕著な差は見られず，有意差も認められなかった。このことから，ダイコンの袋栽培について，生徒は肯定的に考えていることが分かった。

表3　ダイコンの袋栽培における授業後の結果

項目	平均	偏差
1）ダイコンの袋栽培に興味を持った	3.12	0.71
2）ダイコンを育ててみたいと思う	2.89	0.87
3）ダイコンの袋栽培は楽しかった	3.30	0.78
4）ダイコンを料理などに使ってみたい	3.63	0.71
5）栽培実習は今後の生活に役立つ	3.28	0.78

[ダイコンの栽培記録から]

主題材の「ダイコンの袋栽培」では，たねまきから収穫まで，間引きや土寄せ，追肥，草取り，害虫駆除などの学習を体験させ，生徒に日常の管理としてダイコンの栽培記録をとらせた。また，生徒の栽培記録から「葉を虫が食べた穴があった。でもそれは，虫が食べられるほど安全なものだということだから，良かった。そろそろ収穫だと思う。」と記されており，日常の観察から害虫についての気づきが書かれており，そのことから「食の安全」についても栽培学習が発展していることが分かる。このことから，主題材「ダイコンの袋栽培」において，生徒が日々の観察から気づいたことを，既習の知識と結び付け，発展させることができると考える。ダイコンの収穫後に生徒の書いた感想を以下に示す。

【生徒の感想から】

> ○最初，あんな小さなタネを植えた時，「ほんまに育つんかなあ。」と思ったが，今日収穫して結構大きかったし，あんな袋の中でもちゃんと育つんだなあと思った。植物の生命力はすごいと改めて感じた。その他の植物も育ててみたいと思った。
> ○ダイコンの栽培をしてみて思ったことは，生物を育成し育てることがこんなに楽しいなんて知らなかった。ダイコン以外の植物なども生物育成をしてみたいと思った。僕のダイコンはすごく小さかったけど，愛情が足りなかったからだと思う。でも小さかったけどすごく楽しかったし良い経験になったと思う。これからの授業でこういうことがあったら，この経験を生かして生物育成の授業を思い出して，しっかりと次からは大きく育てられるようにしたいし，最初から最後まで自分でやってみたい。
> ○生物育成ということで，今回はダイコンを栽培した。タネまきからスタートして，短い時間で想像以上のダイコンが出来たので，達成感はとてもあります。今回栽培したダイコンはダイコンおろしやおでんの具などにして，おいしくいただきたいと思いました。今回こういった機会は，野菜などを食べていくうえでとてもいい体験になったと思います。

生徒の感想から，袋栽培でダイコンを育てることができたことへの感動と，収穫できたことへの達成感が得られたことが伺える。また，ダイコンの袋栽培の経験を生かし，他の野菜なども育ててみたいという動機づけにつながったと考える。さらに，授業実践を行った技術科担当教師から，以前，ダイコンと同じアブラナ科の葉菜類を題材として袋栽培を行ったところ，アオムシの被害を受け，食の安全及び環境問題からピンセットで害虫を捕っていたが，葉の部分（食べる部分）がかなり被害を受けたという。しかし，ダイコンの場合は，同様に葉の部分に害虫の被害は受けたものの，根の部分の被害はなかったという。そして，9月にたねまきをすれば，冬季休業までに収穫を終えることができ，各家庭に持ち帰ることができた。

◆授業実践例「地域の自然を考えたESDの学習」◆

生徒の自主的・能動的な学習活動を引き出す授業実践例として，「地域の自然を考えたESD学習」を提案する。

ESD（Education for Sustainable Development）とは，「現代社会の課題を自らの問題として捉え，身近なところから取り組む（think globally, act locally）ことにより，それらの課題の解決につながる新たな価値観や行動を生み出すこと，そしてそれによって持続可能な社会を創造していくことを目指す学習や活動のことで，ESDは持続可能な社会づくりの担い手を育む教育（文部科学省）」と定義されている。

そこで，自然にやさしい農業として，アイガモ農法と不耕起栽培を組み合わせた米作りを行う。

不耕起栽培とは，田起こしは一切せず，前年の稲の切り株や雑草の生えている固い土に苗を植える方法で，田起こしなどの農作業の省力化として注目されている。また，環境教育の観点から化学肥料や農薬により汚染・富栄養化した水を河川に多量に放出せず，代かき後の酸素量の低い泥水を流すことのない上，放水の際は藻類により酸素を多量に含んだきれいな水が放出されるため，鳥や昆虫など多種多様な生物が集まり，かつての水田にあった生態系を取り戻すことにもつながる。

また，アイガモ農法とは，アイガモが田んぼの草や害虫を食べる習性を利用したもので，効果として，アイガモが雑草や害虫を食べ，田んぼの中を動き回ることにより，雑草を生えにくくする。

図4　あぜつくり

図5　田植え

図6　アイガモ小屋

○**アイガモの小屋づくり**

アイガモは日中，田んぼの中の草や害虫などのエサを求めて歩き回るが，夜になると小屋にもどる。そこで材料加工として，アイガモの小屋を製作する。小屋は，管理がしやすいように田んぼの隅に設置し，小屋の周りに小さな囲いをつくりアイガモを田んぼに放さない時でも，小屋の周辺を歩けるようにしておく。小屋は板材を使用して箱を作り，出入り口には，外敵が入らないように蝶つがいで開け閉めできる扉を付ける。休日や台風などの悪天候で，アイガモを田んぼに

図7　カモの囲いネット張り

放すことができない時は，この小屋の中でエサを与える。アイガモの世話は，当番を決めて生徒に任せるが，アイガモへの愛情が深まるにつれて，自主的・能動的な活動へ移行していく。

○カモの囲いネット張り

アイガモの敵であるカラス，イタチ，キツネなどの対策として，田んぼにテグスや囲いネットを張る。

図8　エサを探すアイガモ

○ヒエとり

カモは小さな雑草や害虫などはエサとして食べてくれるが，大きく成長した雑草やヒエなどの種類は食べないので生徒が中心となりとる。

○稲刈り

稲刈り用の鎌を使用して，稲を刈る。その際，生徒には軍手を着用させ，けがのないように作業させる。事前にはぜかけができるよう準備しておき，ある程度刈った稲を束ねて天日干しする。

図9　ヒエとり

その後，脱穀，精米後は，文化祭や家庭科などと連携して調理する。

米作りの他にも，地域で学ぶ学習として，森林学習として森林の手入れ，炭焼き，シイタケ栽培など，また菜種から油を抽出してバイオディーゼル燃料の精製なども考えられる。

図10　稲刈り

まとめ・考察

授業前の事前調査から，今までの栽培経験を調査した結果，すべての生徒が「ある」と回答した。そして，栽培をして印象に残っていることを自由記述で書かせたところ，「自分で育てた野菜は，店で買ったときと違っておいしかった」や「実がなって，花が咲いて，元気に育ってうれしかった」という回答が得られた。また，「一生懸命頑張って育てたのに，枯れたから残念だった」という回答もあった。さらに，42％の生徒が「水やりの世話が大変だった」と回答しており，栽培を行う上での課題でもある。生徒にかん水等の管理をさせることで「継続した努力が必要となること」などについても学習させたい内容である。そして，技術科生物育成の授業で植物などの世話をすることは，生徒に「心の豊かさ」を実践的・体験的に学ばせる手段の一つとして，栽培学習等の教育的意義があると考える。

（原田　信一）

第4節　C 生物育成に関する技術科教育

❹ 情緒的な学びが存在する栽培学習
指導時数　12〜15時間

◆ 題材設定の理由とねらい ◆

　技術科において，生物を育てる「C」の内容は，地域や年次による気象の変化や，病気や害虫等によって，対象とする生物の育成が不安定なものとなり，「予定不調和」な状況が生じることがしばしば生じる。このようなことは，他の技術科の内容では起こらない「短所」と考えられることが多い。実際，授業を行う教員の中には，育成がうまくいかない状況を「トラブル」と捉え，苦手と感じる方も多いと聞く。しかしながら，「C」の内容に特有の「予定不調和」な状況は，見方を変えれば，生じている目の前の「トラブル」に対して生徒たちが，連帯感を持ちながら，主体的にその原因を探ったり，解決に向かって工夫したりすることができる貴重な場面となる。すなわち，授業の進め方によっては，「短所」を「長所」，いわゆる「ピンチ」を「チャンス」に替えることができるのである。

　そのチャンスの一つは，その授業に「情緒的な学び」をもたらすことができることであると考える。いうまでもなく，「C」の内容は，「生きもの」を育てる学習である。中学生が生きものを「育てる」学習は，他の教科を含めても技術科の「C」での実践が唯一無二であり，注目される。（ちなみに，理科では，観察・実験対象として，準備された生物を使用することがほとんどである。）

　例えば，作物の栽培を考えよう。人間として成長の途上にある中学生が，種をまいては，発芽の様子に感動し，日々の管理をしながら作物の成長ぶりに驚き，収穫の喜びを感じ，味わうことができる。さらに，愛着を感じ，大切に育てている作物に，上記の「トラブル」が生じたならば，生徒たちはその解決のために，まさに五感を使って創意工夫による多くの手立てを講じようと努力するであろうし，そのような努力は，「情緒的な学び」の過程に他ならない。

　このように，「C」の学習が提供する「チャンス」は，各個人の「情緒」を豊かなものにし，ひいては人格の陶冶にも貢献するであろうと考えられる。

◆ 題材の特色 ◆

　本題材で用いる作物には，ある程度の時間をかけて，種子（状況によっては苗でも）から栽培を開始できるものが望ましい。例えば，1学期（前期）開始であれば，夏野菜のトマト（ミニトマト），2学期（後期）開始であれば，冬野菜のダイコンといった，定期的な管理が必要で，ある程度病害虫の発生が予想されるものが適当であると考える。また，完全に整った栽培環境よりも，あえて，トラブルが生じる可能性を残した栽培環境をセッティングすることも有効である。例えば，市販の専用培土を用いずに，肥料切れが生じやすく，雑草も生えやすい花壇の土を使用したり，容器（プランター）栽培をすることで，水やりが欠かせなくしたり等である。

　このような「あえて」の栽培環境のセッティングには，教師側の豊富な栽培経験が必要であ

る。栽培活動を失敗しないように，完璧に整った均一なキット教材（種子，肥料，容器，培土がセットになったもの）が市販されているが，そこからは多面的な気づきや創意工夫の広がりについては，多くを期待できないことも事実である。教師側が栽培の経験を積みながら，その奥にある生徒の情緒的な学びを深める栽培学習にチャレンジしていただきたい。

　以上を踏まえ，本書における授業展開例としては，代表的な夏野菜である「トマト」の栽培を取り上げることにする。トマトは再生能力が高く，腋芽を挿し芽として再生させ，個体栽培することが容易である。その性質を利用して，公（クラスや班）のトマトと私のトマト（挿し芽からの再生株）の2段構えの栽培活動を行う。私のトマトは，見本のトマトのクローン（分身）であるという一体感は，情緒的にもプラスに作用するであろうし，腋芽からの再生株であることは，その時間差を利用して，公のトマトを成長の見本としながら，個の管理を行うことができるという利点をもっている。また，1本仕立てとし，植物の周期性を観察しながら，適当な時期で摘心し（例：7月中旬で栽培終了なら第2花房までを対象とする等），早期収穫をめざす。

授 業 展 開 例

学習項目	学習内容・手順等	指導のポイント
栽培準備・計画 4月上旬 （2時間）	●「生物育成に関する技術」の説明 ●栽培題材「トマト」の説明 ●種まき（グループor個人） ●種まき後（1ヶ月後）の栽培計画の確認（1本仕立て・摘心処理による早期収穫栽培）	★トマト栽培の経験（小学校・家庭）の確認 ★学期内での栽培の見通しを想定させる。 ★種子の大きさ，発芽の観察とその感想の共有 ★発芽後の管理方法の確認
栽培活動（前半） 4月下旬～ 6月上旬 （4～6時間）	●トマト苗の確認 ●畑の整備orプランター栽培の準備 ●植え付け，支柱立て・誘引・摘芽（クラス（班）のトマト） ●観察の仕方，管理の方法の確認 ●植え付け，支柱立て・誘引・摘芽（腋芽の挿し芽による自分のトマト） ●栽培中に気づいたことを記録（メモ）に残す。（授業中，空き時間）	★観察のポイントを指示する。（葉の色，病気・害虫の発生，腋芽の発生の仕方，開花と受粉） ★発生した腋芽については，各個人のトマトとして，植え付けさせる。

気づきの共有・トラブルシューティング 6月中旬 （2時間）	●これまでの栽培で気づいたことの共有 ●問題点の解決に向けての話し合い 　対策が必要な事象については，原因とその対策法について調べ，班ごと発表して，クラスで問題を共有する。 この授業の期間も，観察・管理の時間は確保（授業時間内or空き時間・放課後）	★栽培中に気づいたことについて，班で出し合い，クラスで共有する。 ★トラブルとして，肥料不足，雑草・病気・害虫の発生などを想定しておく。 ★生徒の中で対策できるトラブルかどうかの判断は教師があらかじめ行っておく。
栽培活動（後半） 6月下旬～ 7月上旬 （2～3時間）	●生徒たちが考えた対策法の実行 ●対策法の効果について，確認する。 ●摘心 ●収穫 ●試食・おすそ分け	★対策法については，生徒からのリクエストに応えられるように教師側が準備をする。 ★収穫日を想定した上で，2週間程度前に摘心を行い，登熟を促す。 ★収穫前に害獣（カラス等）の被害に遭わないように，対策を行う。 ★自分のトマトを試食した上で，他者にも「おすそわけ」をして，試食してもらい，美味しさを共有する。（他の教員や家庭）
まとめと評価 7月中旬 （2時間）	●栽培活動のふり返り ●私のトマトの価値 ●トマトの成長から学んだこと ●後片付け	★栽培活動で，苦労した点，楽しかった点を話し合い，活動のふり返りを行う。 ★市販のトマトを比較することで，自分で育てることの意味を考えさせる。 ★トマトを育てる行為を通して，自分が得たものを話し合わせる。 ★プランターや畑の片付けを行い，活動に対する責任を果たさせる。

授 業 内 容

（1） 栽培準備・計画（4月上旬）

　トマトの原産は南米の高山地帯であり，乾燥を好む植物であることから，日本の梅雨から夏にかけての多湿環境での栽培は，病害虫の被害も出やすい。このように栽培の難易度が高いことを予め伝えておくことも，生徒にトマトへの愛着を持たせる布石となるはずである。普段何気なく食べているトマトがどのような環境で栽培され，販売されているのか，原産地とかけ離れた我が国の環境で確立された施設栽培技術に触れることで，「生物育成に関する技術」が重要であることを理解させることができる。

　また，トマトの栽培に取り組むにあたり，生徒たちの小学校までにおけるトマトの栽培経験を調査しておきたい。大半の生徒は，生活科や特別活動で，学級菜園でのミニトマトの栽培をした経験があるはずである。ミニトマト（小玉種）は，トマト（大玉種）に比較し，病気に強く，整枝（摘芽・誘引）をせずとも，ある程度果実を収穫することができることから，栽培が容易な作物であるとされている。このことを伝え，ミニトマトより栽培が難しいトマトの栽培に中学校技術科でチャレンジすることの意味を理解させ，意欲を高めることも重要となる。

　通常，トマトは苗を定植することから，栽培を開始することが多いが，もし，時間的に可能であるなら，種をまき，発芽を観察させるところから始めたい。トマトの種子は小さく，発芽した双葉も，か弱くかわいらしい（図1）。この状況を確認させることによって，その後の成長のスピードと相まって，「育てている」実感が伴い，愛着を持つ動機となるはずである。

図1　トマトの発芽状態（左），本葉が出た様子（右）

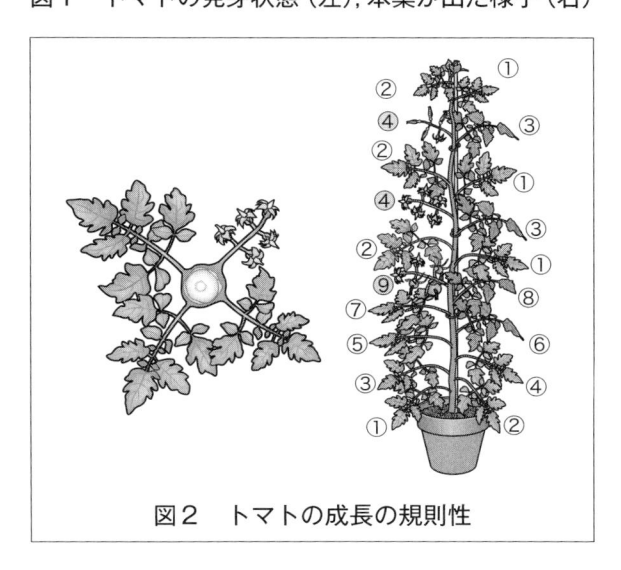

　さらに，栽培技術として，1本仕立てを紹介し，早めに摘心することにより，学期内に完熟したトマトを収穫しようという目標を立てることも重要である。地域によっては，種まきからの育苗は時間がかかってしまうこともあり得る。その際は，ビニルシートによる保温等の工夫によって，促成栽培に挑戦することも生徒に興味を持たせる一手となる。トマトを効率よく実らせるためには，一本仕立てを行うのが基本となるが，トマトの主茎がどのように成長し，腋芽がどの位置から出るのかを生徒たちに理解させる必要がある。そのためには，生

図2　トマトの成長の規則性

第4節　C　生物育成に関する技術科教育　　123

育の初期段階から，しっかり観察させ，スケッチさせる等によって，成長していくイメージを常に頭に描けることが重要である。それには，トマトにおける葉と花（花房）の着位の規則性を理解させたい。すなわち，90度回転しながら「葉 → 葉 → 葉 → 花」の順で周期的に出現することを実際に観察し確認することは，生徒たちに新鮮な驚きを与えるはずである（図2）。

（2） 栽培活動（前半）（4月下旬～6月上旬）

　栽培を開始する環境は，畑（菜園），容器（プランター）が想定される。それぞれに応じて，苗の定植の前に準備が必要である。まず，肥料（元肥）については，トマトの性質上，控えめにする方が好ましい。また，窒素過剰，カルシウム（石灰）不足による「尻ぐされ症」も発生するので，注意をする必要がある（図3）。ただし，生徒の気づき，観察の重要性を協調するのであれば，あえて，それ（トラブル）を仕組むような教師側の準備もあってもよい。

図3　トマトの尻ぐされ症

すなわち，容器栽培では，石灰を施さず，窒素を多投入することにより，尻ぐされ症を生じ易くなる。カルシウムと窒素の体内への吸収は拮抗作用があり，窒素が多い状況では，カルシウムの吸収が妨げられてしまう。また，カルシウムは窒素と異なり，体内での再移動が生じない栄養素である。そのため，葉と花（果実）の着位の周期性でいえば，果実の向かい側の葉を切除することにより，相対的に果実へのカルシウムの流入量を増やすことができる。このようなトマトの果実成長における生理的メカニズムは，中学生にとっては難しいかもしれないが，科学的な根拠をもって栽培活動を行うことは，トマトという植物を深く理解する上で必要であるし，生徒の知的好奇心をかき立てることにもつながるであろう。

　定植後の支柱立て，誘引，摘芽は，通常のトマト栽培での管理技術を用いればよい。ここで，班で一つの株（「公」のトマト）から始めて，管理が進んだところで，摘芽し捨ててしまうはずの「腋芽」を挿し木して育てる「栄養繁殖」を行う（図4）。それぞれの腋芽から「私（個人）のトマト」を育てるのである。班のトマトの分身が「私のトマト」として育つ一体感は，トマトの生命力への新鮮な驚きとともに，命のつながりを感じる場面となるはずである。

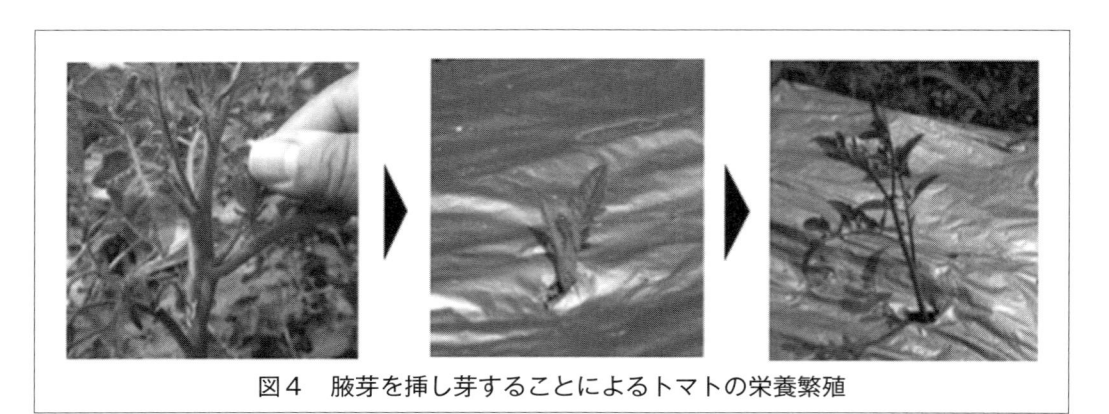

図4　腋芽を挿し芽することによるトマトの栄養繁殖

腋芽からの栄養繁殖は，言い換えれば，「クローン」の育成である。動物におけるクローン技術の発展については，比較的新しい技術であるが，植物における「クローン」はこのような形で，古くから経験的に行われて来た。果樹や花木類（例えば，温州みかんやソメイヨシノ等）の例を参考に挙げることで，農業技術として実はとても身近なものであることを再認識させることもできる。

（3） 気づきの共有・トラブルシューティング（6月中旬）

　本授業案において，最も重要であり，アクティブ・ラーニングの要素を多く含む時間である。教師側があえて，トラブルが生じるような「仕掛け」を設定している場合，そうでない場合も，生徒に観察メモを残させるようにすると，事象が生じた日，トマトの状況が共有できる。メモ（記録簿）は予め渡しておき，授業時間以外でも気づいたときに残すように指示をしておくと良い。メモの頻度，状況の描写，いわゆる，そこに表現される「気づきの数々」は，関心・意欲・態度の評価の対象となる。

　生徒一人ひとりが持ち寄った気づきを班で共有し，発表させ，クラス全体で共有することから始め，その分析，原因の追究，対策について，「個人→班→クラス」と規模を広げながら，調査と準備を進める。生徒がトラブルの事象と向き合い，主体的にその対策を考える場面であるので，緊急性を要するか否かの判断や，資材・薬剤の活用などは，教師側がある程度想定しておき，ヒントを与える等の対応が必要であるが，その場の臨機応変な展開が，より一層主体的な学びの場となっていくはずである。そのためにも，1週目で問題を共有し，その間に対策の調査を行い，2週目で持ち寄った対策の検討・決定を行うといった「段取り」が重要となる。

　トラブルの一つとして想定される代表的な害虫を挙げておこう。ナス科植物全般を好む草食性の「ニジュウヤホシテントウ（テントウムシダマシ）」がその一つである。生徒にとって，テントウムシは小さいころから接し，比較的好感を持たれている昆虫であるが，それは一般に，肉食性のナナホシテントウであると考えられる。それとは少し異なり，星の数も多く，くすんだ色のテントウムシがトマトを食い荒らす張本人であることに気づき，その名前と生態を調べることで，トラブルシューティングのスタートとなる。人間にとっては，肉食性昆虫が益虫，草食性昆虫が害虫という意外な事実も，生徒にとって新鮮な発見となるはずである。

（4） 栽培活動（後半）（6月下旬～7月上旬）

　生徒たちが考えた対策法を実施し，栽培を進める。対策の効果についても記録させ，確認をする。トマトは摘心をすることで，登熟が促進される。1学期末までに収穫を完了させるために，摘心のタイミングを教師側が図っておくことが重要である。完熟すると，カラス等の害獣の被害も出るので，その対策も必要である。収穫までが順調に進んでいる場合，この被害がトラブルとなることもある。その場合は，臨機応変に，カラス対策（テグス張り）を行うという展開にもっていくことも想定される。また，収穫日には，市販のものでは

図5 「おすそ分け」は，生徒自身の達成感，自己肯定感を高める行為。

味わえない，「木なり」の完熟トマトの美味しさを体感させる。また，この美味しさを自分だけでなく，周りの人々（他の教師等）にも共有してもらう体験「おすそ分け」を授業の中で行わせるとよい（図5）。なぜなら，人に喜んでもらったという事実は，栽培の達成感と満足感を感じ，生徒自身の自己肯定感を高めると考えられるためである。さらに，家に持って帰らせて，一緒に食べる中で，家族との会話が弾むといったことも，生徒たちにとって「情緒的」学びを深める体験となるであろう。

（5）まとめと評価（7月中旬）

まず，生物育成の技術を評価するという点から，市販のトマトを価格とともに紹介し，自分が育てたトマトの価値を相対的に評価させる（図6）。トマトが一年中栽培されている状況，季節によって，価格が変動している状況について，その技術ならびにそれにかかるコストとの関係について生徒一人ひとりに認識させる。その上で，トマトをはじめとした野菜や食料を我が国で自給することの意味，重要性について理解を深めさせる。

図6　「私」のトマトは，市販のトマトに比べて…

さらに，これまでの栽培活動をふり返り，トマトの成長を通して，学んだことを生徒一人ひとりが確認できることも重要である。そのことにより，数ヶ月にわたる多くの情緒的な学びが統合される。教師側が準備するものとして，授業の開始からこまめにディジタルカメラで撮影した写真をスライドショーにして見せることも有効である。数ヶ月前には，小さな種子（あるいは苗）であったトマトがぐんぐん成長し，美味しい立派な実をつけてくれたという事実は，生徒に新鮮な感動を与え，その学びの過程を再認識させることができる。また，途中でトラブルが生じ，収穫が芳しくなかった場合でも，その成長の様子とトラブルの状況をふりかえることで，栽培の苦労を全員で分かち合える。もちろん，これらの過程を「D情報に関する技術」の学習と関連させ，生徒たちがプレゼンテーションソフトを操作して，スライドショーを制作するのも学習内容として興味深い。生身の生きものを対象に育成技術を学ぶとともに，一方で情報技術を駆使しながらディジタル素材を取り扱う，まさに中学校技術科の学習の醍醐味ではなかろうか。

また，栽培を行った畑やプランターを片付けさせることは重要である。その過程は，栽培活動，生きものを育てることに責任を持たせることにもつながる。栽培後の片付けは，生徒にとって，少々寂しい時間かもしれないが，育てて来たトマトを撤去する際に，トマトの根の張り具合を観察し，その成長を最後に再確認させることができる。また，使用した資材の処分や再利用もしっかり意識づけることで，環境に配慮できる態度を育むこともできる。これらの活動は，生徒の関心・意欲・態度を評価する上で，重要なポイントの一つでもある。

まとめ・考察

　作物を栽培するという行為は，そのプロセスにおいて，育つ対象に自分が合わせて行動しなくてはならないことが多い。これは，当然ながら，技術科の他の内容（A，B，およびD）では，ありえないことである。このことに対して，生徒たちが「めんどくさい」，「たいへんだ」と感じるか，「毎日成長を観察するのが楽しい」，「世話をするとそれに応えて大きくなるのがうれしい」と感じるのかは，教師が行う授業のあり方に大きく依存すると考えられる。そのためには，まず教師が栽培に興味をもつことであろう。ぜひ，普段の生活の中に，植物（作物）の栽培を積極的に取り入れ，栽培経験を増やしていただきたい。

　栽培活動では，自分の努力とは関係なしに，不可抗力的にトラブルが発生することもしばしばである。肥料が切れる，雑草が生える，病気になる，害虫に食べられる，台風が来て倒される。これらの状況を前にしたときに，生徒が主体的にそれに気づき，それに対する対策を仲間と考え，実行する，これはまさに，アクティブ・ラーニングの以外の何ものでもない。重要なのは，教師側がそれらのトラブルに臆することなく，織り込み済みで授業をデザインすることである。農家並みの「立派なトマト」を作り上げることだけが，生物育成に関する技術の授業ではない。それよりも，苦労しながら，傷だらけでも，自分なりに満足できるトマトを収穫できることも，アクティブ・ラーニングの活きた実践となるであろう。

　また，自分の育てた作物を，自分だけで味わうのではなく，他者に食べてもらう行為である「おすそ分け」は，生徒自身の「自己肯定感」を高める上で，きわめて重要である。他者から「美味しい」とほめてもらうことは，人の役に立っているという実感をもち，それまでの苦労が報われる瞬間である。収穫物を家庭に持ち帰れば，家族との対話もうまれるであろうし，自己肯定感を高める上で，絶好の機会となる。

　もう一方で，栽培は，生徒の本能的な欲求を満たすことができる活動であるともいえよう。例えば，普段荒れている生徒が，技術科の栽培学習では目を輝かせ，誰よりも一生懸命に活動をする例や，いわゆる「保健室登校」で不登校気味の生徒が，栽培学習を始めるや，「菜園登校」に変わり，クラス全員の作物の世話をするという例等を，よく耳にする。植物は，ものを言わないが，何かを生徒に語りかけてくれるのであろう。それをキャッチできた生徒は，栽培活動にのめり込むことができる。不可抗力，トラブルの連続だからこそ，それを植物が乗り越えて，自分のために花を咲かせ，実をつけようとしてくれる「生命力」に対し，生徒たちは魅せられるのであろう。そのような生徒の心を振るわせる「情緒的な学び」が，生物育成には存在しているのである。

参考文献
松尾英輔　社会園芸学のすすめ　2005　農山漁村文化協会　東京
七戸長生ら　農業の教育力　食糧・農業問題全集8　1990　農山漁村文化協会　東京

（平尾　健二）

第5節　D 情報に関する技術科教育

❶ 倫理観を養いやさしさを育む情報教育
指導時数　2～6時間　　道徳的な判断力を育む演習　道徳的判断基準

◆ 題材設定の理由とねらい ◆

　生活の様式や価値観が多様化している現代社会では，他者への配慮がなければ円滑に人間関係を維持することはできない。ニュースや新聞では，社会ルールやモラルを逸脱して周りの状況や人の迷惑を顧みない行動が頻繁に取りざたされている。健やかな生活を送るためには，倫理観や他者に対するやさしい気持ちを持つことが大切である。そのためには，単に社会ルールを意識するだけでなく，道徳的な観点から判断して行動することが大切である。

　道徳性の発達方向の基本は，他律からの自律である。道徳性の発達にしたがい判断能力が向上した人は，結果だけでなく「なぜそうしたのか」という動機までも重視するようになり，自分の行為に対して客観的で多面的な見方ができるようになる。身近な小さな問題から社会問題にいたるまで，問題解決には他者との関係や自分の社会的役割を自覚して判断することが重要になってくる。本節の演習では，いくつかの問題場面において，主人公が取るであろうと予想される行為とその判断理由を考える。さらに，それが道徳性の発達段階のどの段階の基準にあてはまるのかを検討することにより，他者の視点や社会的視点をもって判断する力を身につける。演習の事例2・3では，身近な情報化社会におけるモラル違反の場面を想定しているので，グループワークを通じて討議し道徳的な判断力の価値基準を考えさせることをねらいとした。

授業のねらい
① 問題行為の根底にある判断理由の，道徳的な発達段階の違いを学ぶ。
② 自分や他者の道徳性の判断基準を知り，最適な判断基準を考える。
③ 道徳的な判断の発達段階を知り，他者や社会を考慮したより高い段階の道徳的な判断を行う意欲を持つ。

◆ 題材の特色 ◆

　社会生活を営む中で「どうしようかな？」という問題に直面することがある。そして行動を起こすのだが，その行為の根底には，「〜だからこうしよう」という判断理由がある。この判断理由が道徳的な判断にあたり，道徳性の発達段階に応じた基準によって段階別にふり分けられる。他者から罰せられることを避けたり，自分本位に振る舞ったりしようとする行為は，道徳的には低い発達段階に属する。一方，他者との相互的な関係を維持するために，他者に配慮し，その上で社会秩序を保とうとする行為は，道徳的に高い発達段階に属する。結果的には「する」か「しない」かのどちらかの行為になるが，それぞれの行為の根底には，道徳性の発達段階にそった判断理由がある。グループメンバーとの演習を通じて，低次・高次の判断基準を討議しながら倫理観・道徳観を考えていきたい。

授 業 内 容

　この演習は，4～6人のグループを作り，各グループには，進行役，記録役を一人ずつ決める。準備物として，①筆記用具，②カード（資料1-1），③記録シート（資料1-2）：各グループ1枚，④ふり返りシート（資料1-3）：各自1枚が必要となる。

　授業の展開は，基礎編，応用編，発展編と段階的に進めていく。発展編では演習問題を自ら考え他の学習者に提案する。学習は，Step 1 ～ Step3の3段階で進めていく。

（1） 基礎編
＜Step 1＞

　まず，課題1を読んで，その場面を想定し，自分自身がどのように対処するか考える。自分が取る行為と取らない行為の両方を考える。資料1-1を切り取り，そのカードに「する」場合の判断理由

[予想行為]　する／しない
[判断理由]

図1　資料1-1のカードの見本

と「しない」場合の判断理由の両方を記入する。「する」とき，「しない」ときの両方から，さまざまな判断理由を予想して，合わせて一人3枚以上書き出す。

［課題1］

　主人公のA君は，友人4人と映画を見に行く予定です。映画館へは電車に乗って行きます。各自で駅まで自転車で行き，駅前で待ち合わせる約束をしました。A君が駅前に着いたときには4人の友人は先に来ていて，駅前の歩道に並んでいる自転車の列に，自分たちの自転車を割り込ませて置いていました。すぐ近くには駐輪場がありますが，友人たちはA君に，「時間がないから，ここに置いて早く行こう！」と言っています。この場合，A君は歩道に自転車を置いていく行為を「する／しない」※模範回答例は，p.130を参照

＜Step2＞

　グループでカードを回収し，「する」「しない」のカードを分類する。そして，予想行為の判断基準を低次と高次に振り分け資料1-2に記入する。この場面で，グループメンバーがどんな判断基準をしたのか，じっくり討議する。

＜Step3＞

　次の表に示した「道徳的な判断基準」を確認し，全員のカードを机の上に置き，「する」「しない」の行為別に分類する。グループで話し合いながら，その判断理由を道徳的な判断基準の段階1～4に当てはめ，段階別に並べ替える。カードの内容で重複しているものは一つにまとめ，記録者はグループの記録シート（資料1-2）の行為別・段階別の該当する欄に箇条書きで記入する。

表1 道徳的な判断基準と予想される判断理由の例

段階	道徳的な判断基準	する（置く）	しない（置かない）
段階1	【罰回避・従順志向】 ルールを犯すことを単純に悪いと判断し実行する（単に法やルールだから守る）。罰や制裁を避ける。親や先生などの権威に無条件に服従する。	ボス的友人に置くように言われた。仲間外れにされたくない。	駐輪場に置くのがきまり。規則違反だから。
段階2	【道具的互恵主義志向（自己本位）】 自分の利益や欲求・興味に一致するように振る舞う。損得を考え実行する。他者から何かを得るための手段（〜してくれたらする）。他者にも同じことをさせる（〜したから〜して）。	映画（電車）に間に合わない。みんなが置いているから。駐輪場が無料だったら…。	盗まれる。撤去された場合，引き取りが面倒くさい。罰金の支払いが嫌。
段階3	【他者への同調・良い子志向】 他者が持っている良いイメージの役割を期待に添って実行する（他者からみて良い人でありたい）。信頼・友情・思いやりなどお互いの良い人間関係を維持する。相手の立場に立って自分にして欲しいことを相手にもしてあげる。他者への配慮。多数意見に同調する。	友人を待たせたら悪い。友達に堅苦しい人と思われて人間関係を壊したくない。	歩行者の迷惑になるから。友人にも説得して駐輪場に置きに行こうと誘う。
段階4	【法と社会秩序志向】 社会システムを維持することが正しいことと考える。そのために社会の一員として社会における義務を果たし，権威を尊敬し，与えられた社会秩序を保つ。（何のためにその法やルールがあるかを理解したうえで守ろうとする）	すでに駐輪場と化しており，行政に早く対策を考えさせる為にあえて置く。	歩道は公共の場所で，個人の勝手で物を置いてはいけない。誰かが置くと次々と真似をする人が増える。点字ブロックや車いす利用者の事を考えると置けない。

（2） 応用編

「課題2」または「課題3」を読んでグループでどちらか一方を選び，基礎編と同様にStep1〜Step3の手順でグループ演習を実施しましょう。

（3） 発展編

課題1〜3について，話合った内容を発表しましょう。また，これらの事例を参考にして，身近なルール違反などの諸問題のストーリーを作成し，みんなの前で発表しましょう。

[課題2]

あなたとSさんは，卒業後もときどきメールで連絡を取り合っています。昨日，数年ぶりに同窓会がありましたが，Sさんは都合がつかず欠席しました。

同窓会では，幹事が「メールアドレスの連絡表を作成して，これからはメールでお互いに連絡を取るようにしましょう」と提案したので，出席者は賛同し，各自のメールアドレスを連絡先用紙に記入しました。

そのとき「欠席者のメールアドレスも，知っている人は教えてほしい」と頼まれました。この場合，あなたは，Sさんのメールアドレスを教えることについて「する／しない」の両方の理由を考えカードに記述しましょう。

[課題３]

　中学校を卒業してから３年が経ち，級友たちと久しぶりに同窓会を開くことになりました。最近の大学生は，フェイスブックでつながるようになり，遠く離れた友人とも交流できる時代です。A君は，同窓会の撮影担当をしていたので，B君が作成したフェイスブック上に写っているみんなの写真を許可無く公開しようと持ちかけられました。この場合，A君は許可無しで写真を提供「する／しない」

授業展開例

学習項目	学習内容・手順等	指導のポイント
道徳的判断力 【基礎編】 （１時間）	●４〜６人一組のグループを作る。各グループの進行役，記録者を一人ずつ決める。 ●基礎編の課題１を読んで場面を想定し，自分自身がどのように対処するか考える。自分がとる行為とその判断理由をできるだけ詳しく，各自のふり返りシート（資料1-3）の[1]欄に記入する。 ●カードを見せ合いStep2, Step3に進んで行く。	★活動の軸となるグループ作りが重要である。クラスのメンバーを均等配置し補完型のチームになるようにする。 ★グループ内での話合いを重要視し他者の考えに共感しながら，判断理由の様々な事例について考える。 ★グループのグループメンバーの判断理由の段階分けをみんなの前で発表する。
道徳的判断力 【応用編】 （１〜３時間）	●基礎編と同様に，Step1〜Step3の順に授業を展開する。課題２と課題３のどちらかをグループで選択する。 ●発表の際にロールプレイ（役割演技法）で実際場面を想定してシミュレーションすれば，より現実的な学習活動に発展する。この場合は学習時間を増やす。	★ふり返りシートは，随時印刷する。 ★ロールプレイの台本作りおよび練習に１時間追加，発表に１時間追加することも可能。
道徳的判断力 【発展編】 （１〜３時間）	●これまでの事例１〜事例３を参考にして，各グループで身近な倫理違反，モラル違反の事例を作成して，道徳的判断力を鍛えられるモデルを作成する。	★作成したオリジナルな事例を他のグループに実践してもらい，発表会を開く。

まとめ・考察

　アメリカの全米教育協会（National Training Laboratories）は、さまざまな学習形態を用いて、10年後にその記憶がどれだけ残っているのかを追跡調査した。その研究成果を図2「学習ピラミッド（Learning Pyramid）」に示す。

　この図が示す平均学習定着率（Average Learning Retention Rates）では、「講義を聴いただけの知識（5%）」は、ほとんど記憶に残らず、「読書・輪読（10%）」や「視聴覚教材（20%）」や「デモンストレーション（30%）」を用いた授業で若干記憶の程度が上昇する。学習者が主体的に活動する「グループ討議（50%）」や「実践してみる（75%）」では、より学習記憶の効果が高まる。さらに、模擬授業やプレゼンテーションの実施などの「他人に教える行動（90%）」を取り入れた授業に至っては、長く記憶に残りやすいことを示している。

　学習ピラミッドが示す学習形態を整理すると、講義、輪読、視聴覚教材による授業は、受動的な学びの要素が強く学習記憶も浅い傾向にある。一方、能動的な学びを活かした授業は、学習者が体や思考を凝らし自ら体験するため、学習記憶は長期に渡って印象に残るようである。教える側は、講義形式や視聴覚教材を用いた授業であっても、学習者が能動的に学べる工夫として、学びの場に集まった人たちをグループワークに導くような授業展開が大切になる。

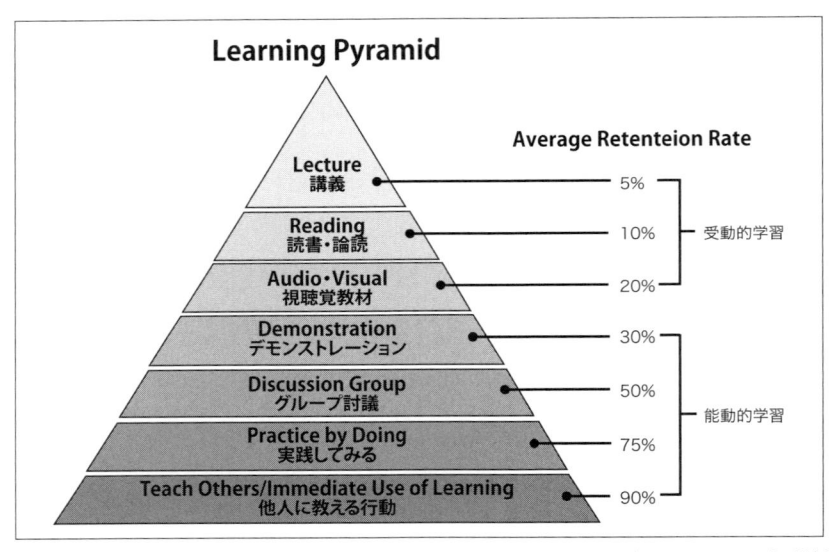

図2　「学習ピラミッド」※ National Training Laboratories（アメリカ国立訓練研究所）"Learning Pyramid（学習定着率）"を参考に加筆

参考文献
- 荒木紀幸,「道徳性を発達させる授業のコツ―ピアジェとコールバーグの到達点」, 北大路書房, 2004
- 沖裕貴, 藤本光司, 他共著,「相互理解を深めるコミュニケーション実践学（改訂版）」, ぎょうせい, 2010
- 藤本光司, 林德治, 奥野雅和, 編著,『元気が出る学び力』, ぎょうせい, 2011

（藤本　光司）

資料1-1

[予想行為]　する／しない	[予想行為]　する／しない
[判断理由]	[判断理由]
[予想行為]　する／しない	[予想行為]　する／しない
[判断理由]	[判断理由]
[予想行為]　する／しない	[予想行為]　する／しない
[判断理由]	[判断理由]
[予想行為]　する／しない	[予想行為]　する／しない
[判断理由]	[判断理由]
[予想行為]　する／しない	[予想行為]　する／しない
[判断理由]	[判断理由]

資料1-2　　　　　　　　　　　　　　記録者（　　　　　　　　　）

グループの記録シート		
【課題】		
【グループメンバー】		
予想行為と道徳的な判断理由の段階分け		
	する	しない
段階1	◆道徳的な判断理由	◆道徳的な判断理由
段階2	◆道徳的な判断理由	◆道徳的な判断理由
段階3	◆道徳的な判断理由	◆道徳的な判断理由
段階4	◆道徳的な判断理由	◆道徳的な判断理由

資料1-3　　　　　　　　　　　　　　　名前　（　　　　　　　　　　）

ふり返りシート

[1]【課題1】について
　あなたはどのように対処するでしょうか？その行為と判断理由を詳しく記入しましょう。

【課題1】でのあなたの判断理由の段階は？

段階＿＿＿

[2]グループで選んだ【課題】について
　低い段階（段階1～2）の判断理由で判断すると、どのような弊害が起こる可能性があるか、予想できることを具体的に書いてみましょう。

[3]あなたの道徳的な判断について
　どのような判断が不足していたのか、また、何が障害になっているのか、演習全体を通して気づいたことをまとめてみましょう。

第5節　D 情報に関する技術科教育　135

第5節　D 情報に関する技術科教育

❷ デザイン力を育てるプログラミング学習
指導時数　3～5時間　　ミッション「月面ローバー 月面基地へ帰還せよ。」

◆ 題材設定の理由とねらい ◆

　答えが一つでないオープンエンドの課題を提示し，課題に対して様々な角度から考える思考力（情報処理の手順），その思考力を総合して解決を図る判断力（プログラミング），判断した結果を的確に創造的に示すことのできる表現力（ロボットの動作）等を育成したいと考えた。

　例えば，月面を数十kgもある装備を背負い，宇宙線や強烈な太陽光線が降り注ぐ状況下で，宇宙飛行士が何時間も歩いて様々な調査をするのは効率的ではなく，危険も伴う。月面を素早く動き回り探査ができる月面ローバー（探査車）があると大変便利である。ロボットを月面ローバーと仮定し，着陸地点からゴール（月面基地）に到着するミッションのプログラムを作成するという課題を設定することで，生徒が興味・関心を持って授業に取り組めるようにした。

◆ 題材の特色 ◆

　「D 情報に関する技術」のプログラムによる計測・制御の学習を始めるにあたり，身の回りの多くの機器は，ブラックボックス化しており，生徒の多くはなかなか「計測・制御」について考えることがない。このため「計測・制御」の学習は難しいと感じている生徒は少なくない。そこで，生徒が興味・関心を持って学習に取り組める題材が必要である。

　ここでは，LEGO MINDSTORMS NXTを使用する。このロボットには入力ポート（端子）は四つ，出力ポート（端子）は三つあり，入力で判断する要素と条件（例えば光センサで読み取る値の大小，タッチセンサ・超音波センサの反応など），及び出力に指定する命令の組み合わせにより，様々な動きをさせることができる。

　プログラミングブロック・アイコン（プログラムの共通要素：スイッチ，移動，ループ等）をドラッグ&ドロップして組合せてプログラムを作成する。難しくなかなか取り組めない生徒に対しては，プログラム例を表示させることができるので，その例をヒントに目的や条件に応じてプログラムを改良させることで支援ができる。

図1　LEGO MINDSTORMS NXT

　NXTとPCをUSBケーブルで接続し，PCから送信ボタンを押してプログラム転送を行っていた。最新のEV3ではタブレット端末対応となり，EV3とUSBケーブルを接続していなくても，タブレット端末からWi-FiやBluetooth機能によりワイヤレス通信で送信も可能となった。手元でプログラムを修正しすぐその場で動きを確認することができるようになったことにより，NXT使用時の倍のプログラム作成（修正）時間を確保することができる。

授業シラバス例

概　　要	「D　情報に関する技術」(3) プログラムによる計測・制御における情報処理の手順と，簡単なプログラムの作成について学習する。
キーワード	授業設計，課題解決，題材の設定，計測・制御，プログラム，フローチャート，センサ，コンピュータ，アクチュエーター，言語活動，ロボット，技術の評価・活用
到達目標	月面ローバーに見立てたロボットを動作させ，目的や条件に応じた課題を設定，その課題解決を図るプログラムの作成をすることができる。
授業計画	(1) ミッション1：アクティブ・ラーニング要素【1，2，3，4，5，6，7】 「「月面着陸，月面ローバーを月面基地へ帰還させよ。」 (2) ミッション2：アクティブ・ラーニング要素【1，2，3，4，5，6，7】 「着陸船に不具合発生！B地点から月面ローバーを月面基地へ帰還させよ。」 (3) ミッション3：アクティブ・ラーニング要素【1，2，3，4，5，6，7】 「救出命令！月面ローバーを救助せよ。」
アクティブ・ラーニング要素	【1】Problem Based Learning, Project-Based Learning 問題解決を目的として，生徒主体で実践するグループ学習と一人ないしチームでミッション解決のためのプロジェクトを遂行する学習。「ペア・グループワーク」や「プレゼンテーション」と組み合わせて実施する。課題設定を工夫し，ワークシート（ポートフォリオ）を利用する。 【2】実習 既習事項（プログラムや計測・制御に関する知識・技術）を生かし，理論と実践の関係を深める学習。単にやらせる（取り扱いに終始する）ものは，アクティブ・ラーニングにならない。 【3】ペア・グループワーク 与えられた課題に対して，ペアもしくは少人数で相互協力を行いながら協同で行う学習。共同作業を行う。 【4】ディスカッション グループでの討議，話し合い活動。生徒相互の意見交換を通して各自の持つ知識・経験などが共有され，課題への理解が深まる。討議の成果が課題解決につながるような授業設計（題材の設定）が必要である。小グループで交替しながら討議する場合は，各自が果たす役割を明確にしておき，成績評価につながる評価規準もあらかじめ生徒へ提示しておく。 討議の進行状況を把握し，課題解決に至らない場合は，教員から支援の手立てを提示する。 【5】プレゼンテーション 課題に対して，一人またはグループで調査・実習などから得た結果についてまとめ，グループ内やクラス全員の前で発表する。発表形式は，情報機器を活用させる。 【6】双方向型問題演習 与えられた課題についての生徒のレポート（ワークシート）などについて，教員からアドバイスを行い，生徒にフィードバックする。生徒が再確認することにより理解が深まる。 【7】振り返り 授業の途中や終了時に，理解したことやできたこと，分からなかったことやできなかったことなどについて確認する。単に振り返るだけでなく，主体的学習へつなげる振り返りをさせる。振り返りのためのワークシート等を用いたり，確認テストを行ったりが考えられる。

授業展開例

学習項目	学習内容・手順等	指導のポイント
ミッション1 「月面着陸，月面ローバーを月面基地へ帰還させよ。」 （1時間）	●スタート地点Aからゴールへ到達するプログラムの作成 ①自分で考えたプログラムでロボットが動くかどうかを確認する。 ②グループとして考えたプログラムでロボットが動くかどうかを確認する。 ③他のグループのロボットの動きを参考に，自分のグループのロボットの動きが良くなるようにプログラムを修正する。	★目的や条件に応じて，情報処理の手順を工夫させる。 　ミッション1においては，センサを使用せずに到着できるプログラムでもよい。 　課題の解決のために処理の手順を考えさせることに重点をおく。答えは一つではないので，他のグループのプログラムは参考にさせる。
ミッション2 「着陸船に不具合発生！B地点から月面ローバーを月面基地へ帰還させよ。」 （1～2時間）	●スタート地点AでもBでもゴールへ確実にいけるプログラムを作成。（サイコロで偶数はスタート地点A，奇数はBとする。） ①自分で考えたプログラムでロボットが動くかどうかを確認する。 ②グループとして考えたプログラムでロボットが動くかどうかを確認する。 ③他のグループのロボットの動きを参考に，自分のグループのロボットの動きが良くなるようにプログラムを修正する。	★センサを用いて，条件分岐のプログラムを制作させる。 　情報処理の手順を考える際に，自分の考えを整理するとともに，よりよいアイディアが生み出せるよう，フローチャートなどを適切に用いる。 ★アイディアが全く思いつかない生徒には，ライントレースのコースをヒントとして与え参考にさせる。
ミッション3 「救出命令！月面ローバーを救助せよ。」 （1～2時間）	●月面でコントロール不能になってさまよっている月面ローバーを捕獲する。 　一定のプログラム内でステージをさまよっているロボットを，自分のロボットで抑える。 ①自分で考えたプログラムでロボットが動くかどうかを確認する。 ②グループとして考えたプログラムでロボットが動くかどうかを確認する。 ③他のグループのロボットの動きを参考に，自分のグループのロボットの動きが良くなるようにプログラムを修正する。	★センサに光センサを加え，しきい値の判定でアームを動かすプログラムをつくる。 （赤い玉をローバーと仮定） 　データロギングができるため，センサの値のしきい値（境界の値）を設定し，センサの値をグラフ化しながら，音を鳴らしたりモーターを動かしたりさせる。

授 業 内 容

表1　ミッション一覧

ミッションNo	ミッション名	学習時間	課題内容
1	「月面着陸，月面ローバーを月面基地へ帰還させよ。」	1	基本課題
2	「着陸船に不具合発生！B地点から月面ローバーを月面基地へ帰還させよ。」	1～2	応用課題
3	「救出命令！月面ローバーを救助せよ。」	1～2	発展課題

　この題材でのねらいは，コンピュータを用いた計測・制御の基本的な仕組みを知り，目的や条件に応じて情報処理の手順を工夫する能力を育成するとともに，簡単なプログラムの作成ができるようにすることである。前時までにNXTソフトウェアを活用したプログラミングをSTEP学習で確実に習得させた。

① 　ミッション1「月面着陸，ローバーを月面基地へ帰還させよ。」　基本課題

　ミッション1のプログラム作成に取り組むことにより，目的や条件に応じたプログラムとは何かをまず理解し，プログラムによるロボットの計測・制御の学習に対する関心を持たせることができる。ここでは，STRAT地点AからGOALである月面基地に到達できるプログラムを考える学習である。まず生徒一人一人がプログラムを作成し，目的の動作ができているかロボットの動きを確認する。

　次に，グループ内でそれぞれが考えたプログラムの良さを話し合い，グループとしてのプログラムを作成する。この際，他のグループのロボットの動きを参考にするなどして，短時間で到達するプログラムになるよう修正を行ったり，無駄な動きがないかどうか点検をしたりする。言葉や図表，プログラムなどを用いて考えたり，説明したりするなどの学習活動により，本教科としての言語活動の充実にもつながるものである。また，複雑な思考の道筋をプログラムで表現し，表現

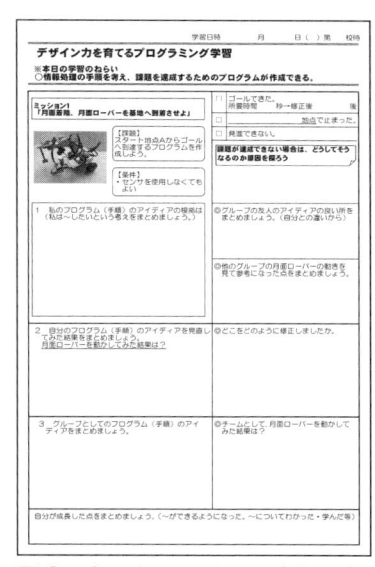

図2　ミッション1ワークシート

されたものを読み取る力を身に付けさせることなどにより，思考力・判断力・表現力等を育むことができる。さらに，自分（グループ）の考えた思考の道筋やプログラムを他のグループから評価してもらうことで，次の取り組みに生かすことができたという経験を通して，他者と共に生きる自分へ自信をもつことにつながり，その結果，学習意欲が高まり主体的な学習ができるようになる。なお，ミッション1は基本課題に位置付けているため，順次型のプログラム制作でもよいこととした。

② ミッション2「着陸船に不具合発生！B地点から月面ローバーを月面基地へ帰還させよ。」
応用課題

　ミッション2の作成に取り組むことにより，センサを用いて目的や条件に応じたよりよいプログラムとは何かをまず理解し，プログラムによるロボットの計測・制御の学習に対する関心を一層持たせることができる。

　ここでは，STRAT地点AとBそれぞれからGOALである月面基地に到達できるプログラムを考える学習である。

　タッチセンサ，超音波センサなどを目的や条件に応じて選択して，条件分岐型のプログラムを制作させる。なお，コース内の障害物は岩のイメージで高さのあるものを置き，超音波センサが反応するようにした。

　実際のロボットの動きを見ながら，単なる試行錯誤にならないようにフローチャートなどを使用させながら筋道を立てて考えさせる。また，うまく動作しない場合のチェック項目と対策を表示しておくなどの準備をしておく。

図3　ミッション2ワークシート

　センサを用いたアイディアが全く思いつかない生徒に対しては，ライントレースのコースを準備し，ヒントとして考えさせる。

　なお，他のグループと違う新しい発想で考えをまとめようとすることを大切にしたい。

　（学習の手順は，ミッション1に準じる。）

③　ミッション3「救出命令！月面ローバーを救助せよ。」　**発展課題**

　ミッション3の作成に取り組むことにより，センサを用いて目的や条件に応じたよりよいプログラムとは何かを理解し，プログラムによるロボットの計測・制御の学習に対する関心をさらに一層持たせることができる。ここでは，月面でコントロール不能になってさまよっている月面ローバーを救出するものである。赤い玉をコントロール不能の月面ローバーと仮定，光センサにて場所を特定し救出する学習である。

　光センサで赤色の値のしきい値（境界の値）を設定するところがポイントとなる。（学習の手順は，ミッション1に準じる。）

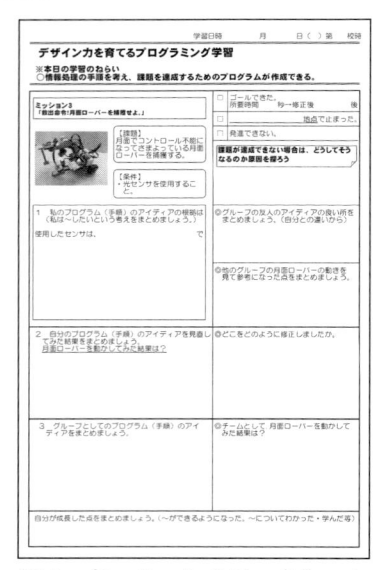

図4　ミッション3ワークシート

評 価 計 画 例

学習内容・活動	予想される生徒の発言・活動	評価（アクティブ・ラーニング要素）
ミッション1 「月面着陸，月面ローバーを月面基地へ帰還させよ。」 A地点から月面基地までのコースを考えてみよう。 ・ロボットの製作 ・プログラム作成 ・個→グループ→個の取り組み	・A地点から月面基地までのコースを考えてみよう。 ・考えたコースの距離を測ってみよう。 ・順次型のプログラムで行けそうだね。 ・私は，こんなプログラムを考えたよ。 ・うまく動作しない原因は○○だから，□□の部分を△△に修正するといいんじゃないかな。 ・他グループや先生に相談しよう。	○教室内にコースを設置する。 ■評価場面 （プログラム，ワークシート） 【生活や技術への関心・意欲・態度】 新しい発想でプログラムを作成している。 【生活を工夫し創造する能力】 課題解決のための情報処理の手順を工夫している。 【生活の技能】 課題解決のためのプログラムを作成することができる。 アクティブ・ラーニング要素【1,2,3,4,5,6,7】
ミッション2 「着陸船に不具合発生！B地点から月面ローバーを月面基地へ帰還させよ。」 B地点から障害物をクリアして，月面基地に到達できるコースを考えてみよう。 ・ロボットの製作 ・プログラム作成 ・個→グループ→個の取り組み	・B地点から月面基地までのコースを考えてみよう。 ・障害物を避けるには，タッチセンサや超音波センサを活用したロボットが考えられるね。 ・ええ～難しいな。 ・障害物をクリアして目的地に進むためには，どうすればいいのかな。 ・障害物にぶつかったら，一度バックして，ロボットの向きを変え，また前進するような工夫が必要だな。 ・センサを用いたロボットを製作する。 ・うまく動作しない原因は○○だから，□□の部分を△△に修正するといいんじゃないかな。 ・他グループや先生に相談しよう。	■評価場面 （プログラム，ワークシート） 【生活や技術への関心・意欲・態度】 新しい発想でプログラムを作成している。 【生活を工夫し創造する能力】 課題解決のための情報処理の手順を工夫している。 【生活の技能】 課題解決のためのプログラムを作成することができる。 アクティブ・ラーニング要素【1,2,3,4,5,6,7】 ・解決策が思いつかない生徒には光センサを用いて，B地点から月面基地までのコースを示す黒いラインの上を動くロボットを考えさせる。
ミッション3 「救出命令！月面ローバーを救助せよ。」 コントロール不能になっている月面ローバー（赤玉）の救出方法を考えてみよう。 ・ロボットの製作 ・プログラム作成 ・個→グループ→個の取り組み	・光センサを用いて，赤玉や床の値の読み取り値を確認しようよ。 ・うまく動作しない原因は○○だから，□□の部分を△△に修正するといいんじゃないかな。 ・どうしてもできないから，他のグループや先生に聞いてみよう。 ・救助をするためのロボットの工夫も考えよう。 ・うまく動作しない原因は○○だから，□□の部分を△△に修正するといいんじゃないかな。 ・他グループや先生に相談しよう。	■評価場面 （プログラム，ワークシート） 【生活や技術への関心・意欲・態度】 新しい発想でプログラムを作成している。 【生活を工夫し創造する能力】 課題解決のための情報処理の手順を工夫している。 【生活の技能】 課題解決のためのプログラムを作成することができる。 アクティブ・ラーニング要素【1,2,3,4,5,6,7】
本時のまとめと次時の学習内容の確認	・おもしろかった。　・楽しかった。 ・難しかった。 ・課題が終わらなかった。 ・もっとやってみたいな。 ・プログラムによってロボットを目的の動作ができるようにしているんだな。 ・身近な計測・制御をしている機器についても興味がわいた。	○自分では指摘できなかった問題点や，グループの意見を参考に考えた改善方法などを，次時の学習に生かすようにさせる。 アクティブ・ラーニング要素【7】

ミッションコース説明書

ミッションコース説明書

ミッション１
「月面着陸、月面ローバーを月面基地へ到着させよ。」

ミッション２
「着陸船に不具合発生！Ｂ地点から月面ローバーを月面基地へ帰還させよ。」

ミッション３
「救出命令！月面ローバーを救助せよ。」

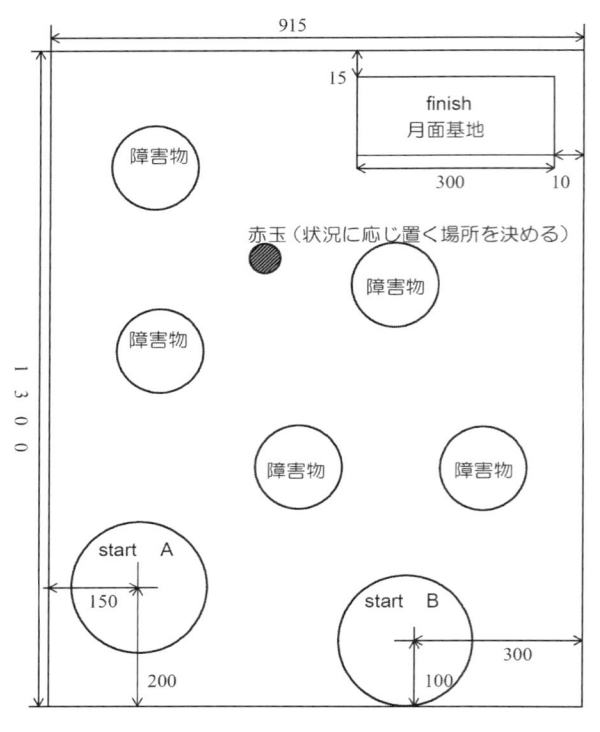

1　競技コート
　1) コートは白色(915×1300)

2　ルール
　1) ミッション１
　　Ａ地点よりスタートして、月面基地に到達できた場合、課題を達成したとする。

　2) ミッション２
　　Ｂ地点よりスタートして、月面基地に到達できた場合、課題を達成したとする。

　3) ミッション３
　　ＡまたはＢ地点よりスタートして、赤玉を確保し月面基地に到達できた場合、課題を達成したとする。
　　※赤玉の場所は適当に設定。

3　その他
　　ミッション２からセンサを用いさせる。
　　※障害物は適当に設定する。

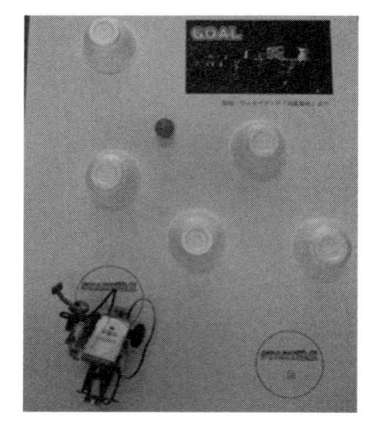

まとめ・考察

　現在，次期学習指導要領の改訂に向けて様々な取り組みが始められているが，特に，学ぶことと社会とのつながりを意識し，「何を教えるか」という知識の質・量の改善に加え，「どのように学ぶか」という，学びの質や深まりを重視することが必要であり，また，学びの成果として「どのような力が身に付いたか」という視点が重要であると言われている。その中では，課題の発見・解決に向けて主体的・協働的に学ぶ学習（いわゆる「アクティブ・ラーニング」）の充実も叫ばれているが，本教科では従来から実践してきている内容を多く含んでいるため，改めてその視点でまとめたものである。

　本教科では，問題解決的な学習を重視し，計画，実践，評価，改善などの一連の学習過程を適切に組み立て，生徒が段階を追って学習を深められるように配慮することが大切である。一般的にデザインとは，形や意匠を思い浮かべることが多いかと思われるが，この題材においては設計であり，目的や条件に応じた計画立案の意味を含めている。

　課題を解決する時には，課題解決の根拠となる価値判断の基準が重要である。価値判断は個々によって相違が考えられるが，技術的解決のための最適解という視点に立てば，自ずと共通になってくると思われる。したがって，価値判断の基準を身に付けさせるためにも，「個→集団→個」の流れを作った上で，グループとしてプログラムを作成しながら，月面ローバーを動かす学習展開を考えた。つまり，グループ活動の前後に個人の活動を入れた学習を行い，実践してわかったことを共有させることが大切である。

　本時では，計測・制御のシステムは，センサ，コンピュータ，アクチュエーターがあり，それぞれをインタフェースがつないでいることを知った上で，目的や条件に応じて情報処理の手順を工夫する能力を育成するとともに，簡単なプログラムの作成ができるようにすることがねらいである。

　今回の題材は，生徒が興味・関心を持って取り組むことのできるものであると考えている。授業では，課題解決のプロセスを意識させることが重要である。特に，プログラミングにおいては，コマンド自体の暗記や特定のプログラミング言語の扱い方を学習の中心にしても意味が薄い。

　設定した課題をクリアできるロボットの動きになるように情報処理の手順を工夫し，プログラミングを行い，インタフェースを通じてロボットに転送し，動きを確認しながら問題点を改善していくという一連の学習活動は，学習指導要領で重視している言語活動の充実につながり，思考力・判断力・表現力等を育むものである。

　月面ローバーがうまく動作しない場合，技術的に考えた理由や原因を説明させることで，その結果，生活を工夫し創造する能力を身に付けることにつながっていくと考えている。

（佐藤　修）

第5節　D 情報に関する技術科教育

❸ ディジタルの革新を学ぶ魅力的な展開
指導時数　1時間〜

◆ 題材設定の理由とねらい ◆

　本教材は，材料と加工における技術の「のこぎりびき」と「鉋がけ」の実習指導において，スマートフォンのセンシング機能を活用して，生徒は自分自身の身体動作を他者と協働的に理解・改善し，指導者は生徒の動作をセンシングしたデータ・結果を用いて個別指導に活かすものである。ディジタルの革新としては，2015年現在，今後のキーテクノロジーの一つとしてIoT（Internet of Things）が注目されている。IoTは，「コンピュータなどの情報・通信機器だけでなく，世の中に存在する様々なモノに通信機能を持たせ，インターネットに接続したり相互に通信することにより，自動認識や自動制御，遠隔計測などを行うこと。」とされている[1]。この動きは，情報に関する技術とその他の内容が相互に密接に関連してくることを意味するため，技術分野においても非常に重要である。本教材では，計測と制御の内容としてのIoT自体を材料と加工の内容としても授業に組み込むことで，IoTの利点を活かしつつ授業目標（作業動作の要素を関連させた工具の正しい使用方法）に迫り，生徒自身もIoTについて実感できるものである。さらに，指導者にとっては個別指導の必要性の高い生徒をデータに基づいてリアルタイムに把握できるため，より実態に即したきめ細かい指導も可能になる。

◆ 題材の特色 ◆

　この教材の特色は，従来の実技指導の在り方とは全く異なるアプローチで，生徒たちの作業動作についての言語活動を充実させ，データに基づいた自己評価による問題の解消と解決ができ，これまで実感しにくかった技能の上達を，生徒自身が把握できることで自己肯定感を得られることにある。具体的には，図1のように専用のアプリをインストールした市販のスマートフォンを工具や身体につけて作業やシミュレーションをすることで，計測と制御の応用事例を体験しながら，①作業動作の結果に基づいて得点とアドバイスが表示されること，②作業動作の評価結果の推移が学習履歴として見られること，③生徒が個人で作業動作習得の独学練習を行えること，④実際の作業の動作シミュレーション練習を自宅などでも行えること，そして⑤結果の一覧表示を見ることで指導者が個別指導の優先度が高い生徒をデータから把握できることが挙げられる。特に自分の作業動作を客観的に数値として把握できることで，これまで印象・感想としての生徒同士の教えあい・学びあいの場面を，データに基づいたより具体的な議論にすることができる。さらに本教材は，授業時数が少ない中で生徒の生活経験が不足し，

図1　スマートフォンを取り付けた両刃のこぎり

従来以上に技能の上達に時間が必要とされる中，一人の指導者が1時間の授業で個別に指導することの限界を解消することにつながる。そして従来は，宿題は知識獲得を目的としていたが，自宅にあるスマートフォンでの利用も可能なため，工具や環境そしてアドバイスをしてくれる指導者役が居なくても，生徒自らが作業動作の基本的な身のこなし方，作業動作時の注意点，工具を扱う感覚の把握を宿題として取り組める。この発想は，まさに「作業動作の反転授業」である。授業に臨む前に予め最低限の知識とある程度の動作感覚を持って実習の授業に臨み，実習では生徒同士で動作の方法を確認したり，作業結果を評価したりしながら，理想的な結果を出すための方法やコツを協働的に学習することが可能になる。従来の，指導者が師範演示をする方法や，生徒に理想的な結果が得られるまで体験的試行させる方法よりも，自分の作業動作の評価が直ちに把握できるため，より具体性をもって理想的な作業動作について協働的な学習を行うことができる。

授業展開例

学習項目	学習内容・手順等	指導のポイント
事前の家庭学習（実習時の作業時間確保のための宿題なので，必須ではない。）	授業で実習を行う作業動作の感覚の把握	★より正確な作業動作の習得は，実際の授業で行うことを前提とする。自宅では，あくまでもシミュレーションとして簡易的に作業動作の感覚をつかむことを目的としている。教科書にある，のこぎりの使い方や鉋の使い方に関する指導事項（引き込み角度が感覚的にどのようなものか，真っ直ぐに動かすときの腕の感じはどのようなものか，動かすときの速度感覚はどのようなものか等）をある程度掴んでから授業に臨ませることを期待した，反転授業としての宿題である。
課題把握（5分）	●前時の学習内容のふり返り ●本時の学習内容の確認 ●IoTによる，「ものとインターネット」の関係の説明	★前時の学習内容をふり返えらせて，本時の位置付けを確認させる。 ★のこぎりびき（鉋がけ）が実際に行われている映像教材を見せ，本時の学習が実践でどのように活かされているかを視覚的に意識させる。 ★「自分が正しく動けているのかどうか」を，生徒自身での判断が難しいという問題を解決する糸口としてセンシング技術とIoTを結びつける。

課題追求 （5分）	●のこぎりびき（鉋がけ）の基本的な方法の確認・演示	★反転授業形式の場合は，この過程を簡略化して作業時間を確保する。授業内で説明する場合には，固定の仕方，動かし方，安全確認の方法について説明する。
課題解決 （30分）	●スマートフォンを装着したのこぎり（鉋）の計測と制御，ネットワークとの関係についての概要説明 ●ペア毎に，スマートフォンを装着したのこぎり（鉋）を用いて練習材の切断（切削） ●ペア毎に自分たちの結果をふり返り，ワークシートへ言語化。その際，上達の変化のグラフや得点，アドバイスを基に望ましい作業動作・注意点を分析。	★身近な機器に，センサが搭載され，プログラミングによって制御されている仕組みについて概要を解説する。 ★自分の作業動作の結果を，速度，角度，ぶれなどを数値的・視覚的に自己評価させ，改善点を発見させる。それを踏まえて，具体的な目標意識を持って，理想的な動作に近づくよう自己修正させる。 ★教師は手元の端末で，得点化された生徒の作業状況を確認し，作業に困難をきたしている生徒へ直接個別指導する。
まとめ （10分）	●本時の授業のふり返り ●学習内容の転移	★ペア毎の分析結果を教室で共有する。 ★本時で扱っているセンシング技術とインターネット技術の応用可能性について，将来的にどのような問題や願いを解決することができそうかアイディアを共有する。

授 業 内 容

（1） 授業の基本的な進行

　この教材を用いた授業ではペア学習を基本としているが，ローテーションを組むことで，グループでスマートフォン搭載工具1セットでも実施は可能である。例として，図2のような進行・効果が考えられる。バリエーションとしては，実際の工具にスマートフォンを取り付けて実際の作業を分析する他に，工具の代替として棒状のものや小さな箱状のものにスマートフォンを装着したシミュレーション練習なども考えられる。

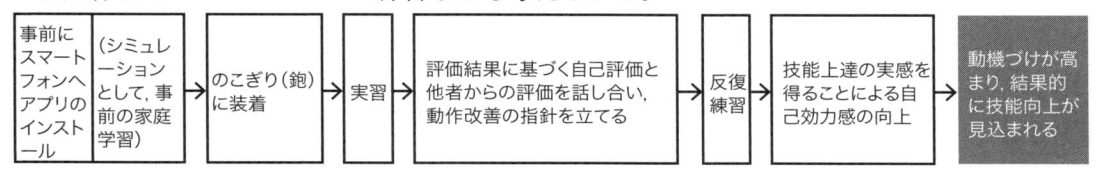

| 事前にスマートフォンへアプリのインストール | （シミュレーションとして，事前の家庭学習） | のこぎり（鉋）に装着 | 実習 | 評価結果に基づく自己評価と他者からの評価を話し合い，動作改善の指針を立てる | 反復練習 | 技能上達の実感を得ることによる自己効力感の向上 | 動機づけが高まり，結果的に技能向上が見込まれる |

図2　授業の展開と効果の例

（2） スマートフォンのセンサによるフィードバックを利用した学習に必要なもの

　本教材の実施に当たっては，スマートフォンが欠かせないが，旧モデルの端末や，機種変更後の使用されなくなった端末でも利用できる（注1）。現在の普及率を考えると，かなりの家庭において機種変更され，使用されなくなったスマートフォンが生じることが見込まれること，また，練習履歴の記録・表示などの機能制限はあるが通信機能を用いない実施方法もあるため，将来的には，学校におけるBYOD（Bring Your Own Devices：自己所有端末の持ち込み）が普及すれば理想的な環境条件となる。現在のところ，のこぎりびきと鉋がけの2種類のアプリは，通信機能を使用しない簡易版として無料で公開されている（注2）。

　自宅での宿題とする場合は，のこぎりの柄に近い大きさの棒状の物に結束バンド等でスマートフォンを取り付けることや，鉋の大きさに近い箱状の物に取り付けることでも疑似的にシミュレーション練習できるので，全く感覚をつかめていないような状態で授業に参加することを防ぐことができる。

（3） センサによるフィードバックアプリケーションの機能

① のこぎりラーニングアプリ

　のこぎりびきの指導において重要なこととして，のこ身が材料に対して垂直を維持できているか，引くときに力を入れ効率的な動作ができているかどうか，のこ身の延長線上をまっすぐに往復運動できているかが挙げられる。それに加えて，切断開始時に引き込み角度が適切であるかを確認する必要がある。のこぎりラーニングアプリでは，これら全ての観点をチェックし，切断終了時に，各観点別の評価，総合得点，結果に応じた簡易的なアドバイスを表示する。なお，このアプリに登録されている理想的なのこぎりびきのデータは，教科書に基づいたものとなっている。スマートフォンを結束バンドなどで実際ののこぎりに装着すれば，実際の作業の状況をチェックでき，何か棒状の物に取り付けた場合は，のこぎりびきの作業動作のシミュレーションとして使うことができる。

図3は，引き込み角度を確認している様子で，画面が赤いときは角度が望ましくない状況であることを示し，望ましい角度範囲になると青く変化することで，教科書に出ている引き込み角度の感覚をつかむことができる。のこぎりびきをしている間は，のこ身の動きを常時センシングする。例えば，設定されたブレの程度や横方向への傾きが大きくなると，画面の色が赤くなりブザー音と振動で，望ましくない状態になっていることが把握できるため，すぐに作業動作を修正することができる。

　図4は，切断を終えたときに表示される画面である。各作業動作の観点は，三ツ星でその評価を確認できる。もしネットワーク接続できるバージョンを使える場合，この時点で結果のデータがサーバに送信され，指導者用アプリで，全生徒の各観点の状況を一覧で並べ替え・確認できるため，作業に困っていると思われる生徒を把握し，個別指導にあたることができる。図5は，指導者用アプリの画面で生徒一覧の状況を確認する画面で，ここで生徒名をタップすると，生徒ごとの作業動作の詳細が把握できるカルテ（図6）が表示される。授業時には，指導者がタブレットPCでこの一覧表示とカルテ画面で各生徒の状況を把握して，個別指導の参考にすることができる（図7）。

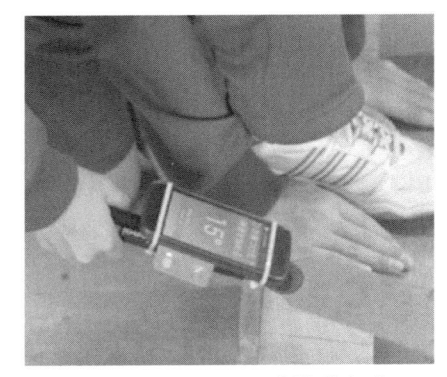

図3　スマートフォンを装着したのこぎりで，引き込み角度を自己調整している様子

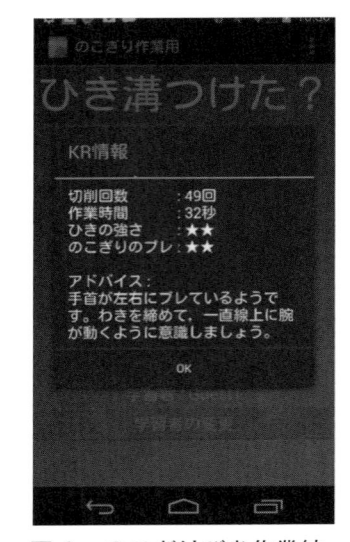

図4　のこぎりびき作業結果画面

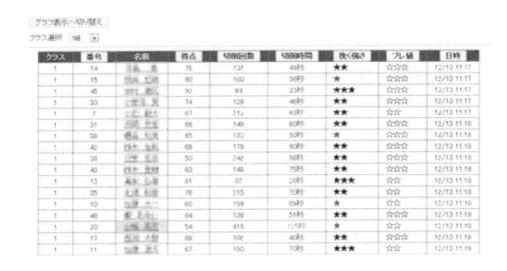

図5　生徒の作業結果状況を一覧表示

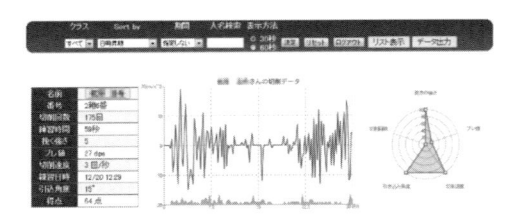

図6　生徒の個別の作業結果を確認

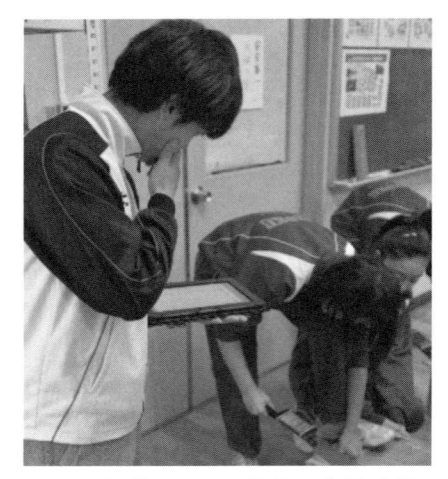

図7　タブレットで生徒の作業結果状況を確認し，個別指導する

② 鉋ラーニングアプリ

　鉋がけは，最近では時数の関係で指導を諦める学校も増えてきている。しかし，木の表面を薄く削るための技術として，鉋は先人の知恵・工夫を把握しやすいもので，後世にも残したい技術である。鉋がけ指導で重要な点の一部としては，木の上で鉋を動かす速度の感覚と，ふらつかずにまっすぐ動かしているかという点である。言うまでもなく，鉋身の調整などは，作業に直接的に影響を与える重要な要素であるが，この教材では，作業動作の感覚を生徒が自己評価しながら掴んでいくことに主眼を置いている。

　鉋ラーニングアプリが，のこぎりラーニングと異なる点は，手元の動きと腰の動きのコーディネイトをセンシングするために，鉋に装着する端末（図8）と，作業者のズボンポケットに入れ腰の動きをセンシングする端末との合計2台を使うことも可能な点と，予めお手本として目標とするモデル動作を登録させておくという点である。

　モデル動作の登録は，このアプリを実行して指導者自身が手本となる鉋がけ動作を行い，加速度の変化や微妙な向き・ブレの変化を理想値としてアプリが記録する。生徒の評価は，そのモデルにどれだけ近づけたかで評価

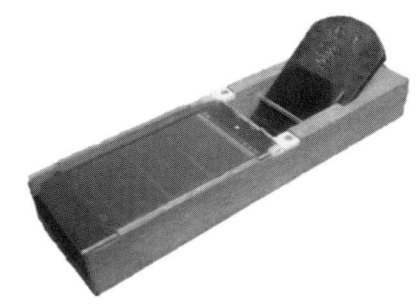

図8　スマートフォンを鉋に装着した例。上端の上にスマートフォンを乗せて引いても良い

される。図9は，1回の鉋がけを終えたときに表示される結果画面である。この結果画面は3つの画面で構成され，鉋移動の速度，向きの変化を三ツ星で評価し，言葉によるアドバイスが表示される。そして図10のように，速度と加速度のモデルとの違いがグラフ表示される。自分の曲線の形状がモデルと近くなれば，より動きが似てきていると言える。図中にある丸印は，腰の動きだしのタイミングを意味する。そして，図11に示した画面では，鉋の移動速度の違いをモデルとアニメーション表示で比べることができる。鉋がけ指導では，どのくらいの速度で動かすのかを自己評価することは困難なので，その速度感覚を視覚的に把握することができ

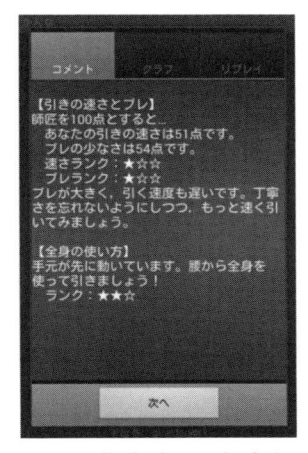

図9　作業結果の得点とアドバイス

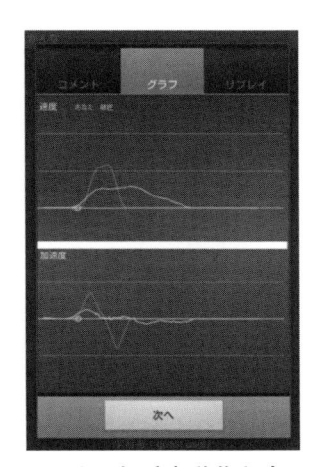

図10　お手本動作と自分の速度・角度の変化の違い

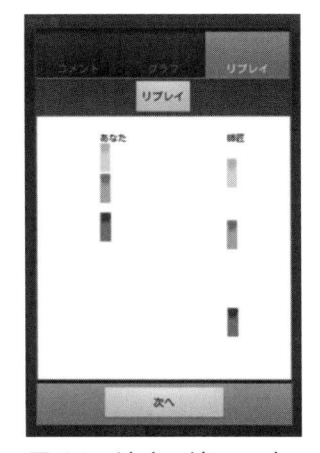

図11　速度の違い・変化をアニメーションで比較

る。こちらも，ネットワーク接続バージョンで実施することで，指導者用端末から各生徒の作業状況を把握することができる。

（4） IoTとしての授業での取り扱い

　IoT技術自体そのものが目に見えて把握されることはあまりない。多くの場合，さりげなく製品の中にIoT無線タグの機能が搭載され，こちらが意識せずにセンシングされ，データがインターネットで処理されている。IoT技術は，まさに21世紀の計測と制御の基盤技術と言える。見た目がコンピュータなものだけではなく，これまでは単なる「モノ」だったものの状態を離れたところから知ること，そして離れたところから「モノ」の状態を変える，つまり操作するということが行える環境になった。例えば，自宅のドアが開いたときに通知が来ることや，ペットの状態を把握することや，鉢植えの土が乾いてきたら通知が来ること等は既に実現可能である。そのためのセンシングとして，環境の状態を把握するセンサ（温度，湿度，照度，気圧，騒音など）や，動きの状態を把握するセンサ（振動，傾き，加速度，衝撃，移動など），位置を把握するセンサ（GPS，存在検知，通貨検知，近接検知など）が活用される。この教材では，のこぎりや鉋に対して，スマートフォンをIoT無線タグ装置として敢えて目に見える形で連携させ，生徒たちにその概念を把握しやすくし，IoT技術の評価を行える教材として位置付けることもできる。

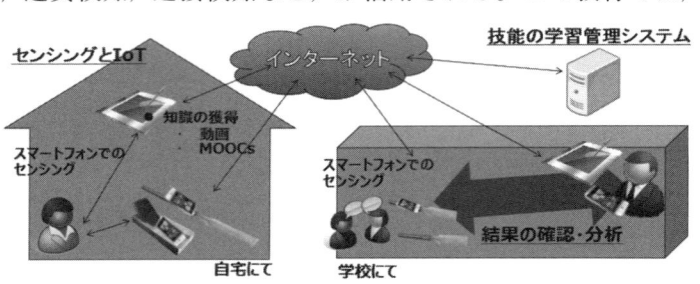

図12　IoTによる技能習得のイメージ[2]

（5） 感覚動作の言語化の意義

　動作感覚を指導する際，擬音語・擬態語（オノマトペ）を使用して指導することがある。力の入れ具合や動きの様子をイメージするのに便利だが，客観的な言語化が困難だった。この教材の結果について他者とアドバイスをしあう中で，例えば「もっとグっと，一気にヒュッと引くんだよ」というアドバイスがあったときに，この教材であれば，タイミング，スピード，ぶれのどこを改善すべきかを知ることができる。個人の印象・感覚を客観視する，新たな言語活用場面を設けた指導が行える。図13は，鉋がけの結果を確認しながら，自分の動きを自分なりに考えプリントに記入している様子である。

図13　結果をもとに自分の動作を言語化する

まとめ・考察

　アクティブ・ラーニングに対する認識の中に，作業行為を伴っていればアクティブ・ラーニングであるというものや，話し合い活動をすればよいというものがある。これは広義には誤りではないが，やや表面的な認識である。この教材では思考をアクティブにしながら実習を行わせることで，単なる作業学習以上の学習効果を期待できる。そのためには，自分の結果をしっかり確認することで，今の自分の動作と目標とする動作との違い・差を認識すること（メタ認知），良い結果が得られたときに自分が心がけた感覚・印象を言語化することで技能から技術に転換させること，他者の身体動作および結果と自分の結果とを比較する（図14）ことで，他者へのアドバイス・コメントを通して自分自身の体で感じたことを思考として深めるような学習場面や教師の働きかけを心がけるようにすることである。またワークシートに，アプリからのアドバイスと自分の意識した点を記録させるという工夫も考えられる。

図14　結果を比較し確認しあう様子

　このようなアプローチは，既にテニスラケットやゴルフクラブに専用のセンサを取り付け，動作をセンシングして分析する製品に応用されている。工具においても，将来的には専用のセンシングデバイスが内蔵されたものが販売されることが予想できる。特に，危険予知や作業者の疲労などを把握して，不慮の事故を防ぐ仕組みには大いに期待したいところである。それとともに，予期しえない負の側面も生じないとは言い切れない。

　本稿を読むまでは信じられなかった「スマートフォンを工具に取り付ける」というアプローチも，ここまでお読みいただければその意義と可能性をお分かりいただけると思う。諸々の制約のために，今すぐ実施できない学校も多いと思うが，これからの変化の激しい時代を生き抜く子どもたちに，旧態依然とした指導を繰り返すのではなく，目的を見失わず先生も生徒もイノベーティブな思考を楽しみ，自らがクリエイティブに社会に働きかけていこうとする態度を育てていってほしいと願う。

参考文献

1) http://e-words.jp/w/IoT.html
2) 安藤明伸，竹野英敏，鳥井隆司，板垣翔大，高久敏宏：技能の家庭学習を実現するためのICT活用の枠組み，日本産業技術教育学会全国大会要旨集，p.50（2013）

注1：2015年7月時点では対応している端末は，Androidのみとなっている。また機種によっては通信会社のSIMカードが装着されていないと使用できないものがある。

注2：Google playにて「安藤研究室」で検索。個別にアプリをダウンロードする場合は，「のこぎりラーニング」https://goo.gl/zBJCwW，「かんなラーニング」https://goo.gl/iAJTdq　にアクセスしてください。

（安藤　明伸）

第5節　D 情報に関する技術科教育

❹ 新しい時代に求められる情報教育
指導時数　8〜12時間

◆ 題材設定の理由とねらい ◆

　情報機器や情報手段が生活の中に溢れ，子どもたちは常にそれらと接しながら生活している。学習の中でも情報機器や情報手段は重要な位置を占めている。

　情報教育が展開される中で，情報機器の取り扱いが大きなウェイトを占めていた時期もあった。しかし，それらの取り扱いが簡単になり，子どもたちが抵抗なくそれらを使っている昨今では，使い方についてブレーキをかけるための指導が情報教育の中心となりつつある。

　情報教育の中心となるべき内容は，情報機器の取り扱いではなく，情報の取り扱いである。機器やソフトウェア，通信手段が変化する中でも，それぞれの時代に応じた情報の取り扱いを指導することが常に情報教育の中心にあると考えている。

　これからの社会では，知識を得ることは非常に簡単になり，記憶している知識の量の多少が大きな問題ではなくなってくる。既存の知識を組み合わせ，新たなアイディアを創出していく能力や，自分の考えをしっかり持とうとする態度が，大変に重要になってくる。このような時代に最も必要となるのは，積極的に新たな情報を構築する能力であると考えている。

　今まで技術分野で指導してきた情報に関する技術についても，情報を正しく扱うために必要となる内容であり，技術的な項目だけを指導してきたのではない。技術分野では，マルチメディア作品の設計・制作を通して，これらの能力の育成をはかってきた。また，情報技術の基礎や計測・制御・プログラミングについても，現代的な手段で情報を扱うための基礎的な知識・技能として機能している。これからの情報教育として，新たなアイディアを創出するための方法や答えのない問題への最適解を求める手段，情報を共有しながらチームでプロジェクトをすすめること，電子的なものではない手段との融合などを，重要な内容として取り上げていきたい。

　本題材は，ディベートに近いテーマにそった討論をすることを目標にし，必要なデータを収集し，説明をするための内容の構成を考え，討論の中で臨機応変に新たなデータにアクセスすることなどを内容としている。ものづくりのように，事前に練りこんだ設計に従って正確にものをつくる技術ではなく，ダイナミックに考えを変化させながらチームで目的にたどり着くようなプロジェクトの進め方を体験させたいと考え，本題材を設定した。

◆ 題材の特色 ◆

　本実践は，グループでの作業を中心としている。討論のための資料作成・提示のために，ディジタル機器や手段を利用するだけでなく，グループでの作業をすすめたり，意見を共有したりするために，ディジタル機器や情報通信手段を積極的に利用することを進めている。ものづくりのためのプロジェクトが題材への理解・設計・製作・評価のプロセスをたどるのと同じように，これからの社会での，情報を使ったプロジェクトの進め方について，ディジタル機器や手

段を有効に利用させることを体験的に学習させたい。

　1990年代にも，当時のコンピュータシステムを使い，同じコンセプトの実践を行っていた。当時は，インターネットはもちろん，GUIの環境もなく，マルチメディアを扱うことは難しい状況であった。このような状況の中で，自分の意見を紙上でのレポートにまとめさせる授業を行っていた。ワードプロセッサや表計算，図形処理ソフトウェアなどを組み合わせ，自分の意見をレポートにまとめる学習である。WindowsなどのGUI，マルチタスクが実現する以前には，ソフトウェアの切り替えごとにディスクを抜き差しし，再起動を繰り返す必要があったが，それぞれの時代にあった情報とディジタル手段の使い方について指導するコンセプトは変化していない。

　WindowsなどのOSを学校で利用できるようになってからは，これらの苦労をすることなく，授業をすることが可能になった。ソフトウェアの使い方を学習する前に，目的にあったソフトウェアを選択し，組み合わせる指導がより簡単になった。さらに，インターネットを学校で利用できるようになってからは，同じような実践をマルチタスク・ネットワーク環境でできるようになった。学校に導入されている機器や環境には大きな差がある。どのような環境であっても，利用できる環境を有効につかい，卒業後にも活かしていける考え方やスキルを身につけられるよう指導していきたい。

　これからの社会では，クラウドコンピューティングに代表されるネットワーク上での情報共有や創造が重要なスキルとなる。学校内のネットワークでは個人情報などの問題から，現時点ではこれらを扱うことは難しいが，将来的には活用を視野に入れていきたい。

　議論をするための題材として，必ず現代社会における技術的な課題を取り上げている。技術的な課題には，その評価が一定ではなく，社会では賛否が分かれる事象が多い。正解を決められる課題は少なく，技術的な最適解をもとめて努力されることが大変に多い。この議論を通して，技術に対しての人の考え方は一定ではなく，さまざまな意見を持つ人がいることに気づかせるとともに，将来にわたって思考を停止せず，常に新しい技術と向き合って自分の意見を持とうとする態度の醸成につなげていきたい。

　情報に関わるさまざまな権利について，それらを守り，正しく使うことを指導していかなければならない。ただ，単に「禁止」するだけの指導では，既存の情報から新たな情報を作り出していく態度の醸成にも影響を与えてしまう。さまざまなライセンスのもと，「ここまで利用してもよい」という積極的な情報の使い方について指導していきたい。引用・参考などを明示し，自分の考えと明示的に分ける指導をして，情報を有効に活用させたい。

　本実践では，できるだけ多くの場面で，思考ツールなどの電子的ではないメディアを利用した情報の整理やアイディアの創造についても指導している。従来からの紙上での情報整理や，ホワイトボードなどをつかったディスカッションなど，電子的な手段と双方の利点を活かした作業をさせている。このことも，将来の社会で確実に役立つスキルとなると考えている。

　また，協同的な学びを実現するためにも，本実践は有効に機能している。授業に参加することが難しい生徒でも，それぞれに役割を与えることとグループで作業を進めることによって，授業に積極的にのぞむことができるようにしていきたい。

授業展開例

学習項目	学習内容・手順等	指導のポイント
テーマの決定 （1時間）	●各グループの課題を設定する。 ・グループを設定する。 ・グループのテーマを決定する。 ・知っていることをグループで確認し、プレゼンテーションの内容を計画する。	★グループの人数とテーマの数を、授業の時間などを考慮して決定する。 ★グループで議論をして、主張の方向を決めさせる。
データの収集とプレゼンテーションの作成 （4時間）	●資料の作成をする。 ・資料を収集し、集約する。 ・プレゼンテーションを作成する。 ・ディジタル化されたコンテンツの特性を理解する。 ・討論の準備をする	★プレゼンテーションソフトウェアの扱い方については必要な範囲にとどめる。 ★さまざまなメディアの特性についても作業をしながら理解させるようにする。
討論 （4時間）	●討論をする。 ・テーマ毎に討論をする。 ・討論を聴きながら主張をまとめ、各自の考えを整理する。 ・勝敗を決定する。	★討論がうまくいかないときは、教師が論点を整理する。 ★聞く側にもコンピュータを準備し、自分の意見をまとめさせるようにする。
まとめ （1時間）	●討論の反省をする。 ・プレゼンテーションの内容について反省をする。 ・自分の意見を整理する。 ・今後の情報機器などの使い方を考える。	★効果的に情報機器や手段を使うことができたか、分担の方法は適切だったかなどを評価し、各自の意見を整理させる。

授業内容

授業は、以下のような流れで行った。

| テーマの決定 → データの収集とプレゼンテーションの作成 → 討論 → まとめ |

題材の特性上、テーマを決定したあと、グループでの作業を開始してからは、討論の方向性についてのデザインとプレゼンテーションの制作作業を並行して行い、常に見直しを行いながらプロジェクトを進めさせている。完成や活用を見通した設計を行い、設計通りに完成させることが重要であるものづくりの作業とは違い、常に新たな状況に柔軟に対応し、グループで相談をしながらすすめる現実的なプロジェクトをモデルにしている。

このような授業を始めてから10年以上が経過している。学級数や学級での生徒人数などにより，グループの人数やテーマ数などを検討し，年度ごとに少しずつ変更を加えている。ここでは，実践の初期に行っていた方法について例をあげ，授業の環境や社会の変化に応じて変遷している内容についても紹介する。

　実践の初期では，生徒を2人一組のグループに分け，五つのテーマについて，相反する二つの立場から一つずつ担当を決めさせた。4時間ほどの時間をかけ，書籍やWebページなどから自分の主張にあったデータを集めさせ，議論に使う資料をプレゼンテーションソフトウェアでまとめさせた。同じテーマで同じ立場にたつ生徒は学年全体で6グループあるため，それらのグループでUSBメモリーを共有して使わせた。このことで，他のグループの手による多くの資料を見たり，主張のポイントを確認したりすることができ，授業が進むにつれて議論がより深い内容に導かれるように仕組むことができた。現在の教室環境では，サーバ内に専用のフォルダを設けることができるため，必要な情報共有を簡単に行うことができる。

(1) テーマの決定

　学級の人数や授業の形態によって方法を決定する必要がある。これまでの実践では2人のグループで行った授業がもっとも議論が深まり，個々が責任感をもって授業に取り組むことができた。しかし，学級の人数によっては討論の回数が増え，教師の補助もやりにくくなるため，4人程度のグループが望ましいと考える。

表1　議論のテーマ（2008年版）

No	A	B
1	不便な生活を強いられることになっても，エネルギーを節約し自然環境の保全に努めるべきだ。	今の便利な生活を維持・発展させるために，どんどんエネルギーを使っていくべきだ。
2	電気は大変すばらしいエネルギーなので，できる限り電気エネルギーを使っていくべきだ。	電気はムダの多いエネルギーなので，どんどん他のエネルギーに切り替えていくべきだ。
3	日本はエネルギー資源を輸入に頼らず，自分たちの国の中で生産できるエネルギーを開発すべきだ。	日本はエネルギーに恵まれないので，外国からどんどんエネルギーを輸入すべきだ。
4	できるだけ使い捨てのものを使わずに，どんどんリサイクルして使うべきだ。	リサイクルをすることにはエネルギーを使うので，どんどん捨てて新しいものを生産すべきだ。
5	太陽光発電はクリーンなエネルギーなので，積極的に導入するべきだ。	太陽光発電にはまだまだ問題点が多いので，積極的に使うべきではない。

テーマを選定するときに重要なポイントになるのが，技術分野で指導する内容であることである．討論が進まないときのファシリテーターとして，技術の教員がうまく討論を導くためにも，テーマの内容についてある程度の知識があるほうが望ましい．

テーマは，相反する価値を持ち，正解を簡単に導くことができないもの，人によって考え方が異なるものにしておく．他の教科などでディベートの授業を行うときのテーマの設定に近い考え方が必要になる．ディベート形式での一つの考えについての「賛成」「反対」といった明確な立場の違いを取り上げることもできるが，データを示して討論することを念頭に考えると，「賛成」「反対」といった立場の違いより，テーマ例にみられるようなこれからの「方向性の違い」を材料にした方が取り組みやすい課題になる．特にタイムリーに時事的な課題を取り上げると，資料も整いやすく，生徒の印象に残りやすい討論になる．

初期の授業で生徒が議論をおこなったテーマは表1の通りである．エネルギーと社会・環境の関わりについての問題は，昨今，社会の大きな注目を集める問題である．社会を二分するような議論が行われている内容も多くある．この状況にある現在こそ，エネルギーの問題を取り上げる好機であると考える．

（2） 議論のデザイン

テーマが決まると，どのように考えを整理し，討論を進めるかについて，グループ内でのディスカッションをさせる．

既存の知識を出し合うとともに，主張の中心となるポイントとその裏付けに必要なデータなどについて，グループ内での意見をまとめさせた．ここで，誰がどのようなデータを集めるのかなどの役割分担についても考えさせている．

この段階では，インターネットを利用して問題の概略について調べるとともに，思考ツールを利用し，自分たちの考えを整理している．机上に大きなホワイトボードを広げ各自がホワイトボードマーカーをもって自分の考えを記入したり，KJ法などの手法を使ったりしながら計画を進めた．これらのアイディアを練るための思考法については，方法を指導するとともに慣れさせることが必要であり，授業ですぐに活用させるのは難しいが，紙と鉛筆からはじめて情報の扱い方を学ぶ学習に学校をあげて取り組んでいたためにスムーズに授業に導入することができた．これらの方法を使わなくても，ブレーンストーミング的に雑多な意見から結論を導こうとするプロセスでは，紙とペンなどの非電子的手段が大変に有効である．情報機器の取り扱いの前に，まずは情報を取り扱う方法をしっかり指導していきたい．

（3） データの収集

何らかの課題について調査してまとめることは，インターネットを利用することで劇的に簡単になった．それまでの授業では，図書室などの限られた情報源と，関連する施設などを実際に訪問することによってしか調査を進める手段がなかったが，多くの情報を容易に入手し保存・活用することができるようになった．しかし，これらの情報をとにかく多く掻き集め，吟味することなく用いる生徒も多く，情報の切り貼りだけの資料作成に終始するグループも多い．

資料作成のためのさまざまなデータの収集方法について，Webページからの情報だけでも

ほとんど不足することはない。本実践では，Webページからの情報のみに依存するのではなく，生活の中にある情報や，他のメディアからの情報も積極的に取り入れるように仕組んでいる。イメージスキャナ，ディジタルカメラ，ボイスレコーダなどの，情報をディジタル化するための機器を準備するとともに，関連する書籍なども多く準備している。Webからのデータを使うことは大変に楽であり，ほとんどの情報はWeb上で揃うものの，信憑性について疑問がある場合などは，複数のメディアを参照・比較するようにさせている。こういった使い方を指導することも，情報の取り扱いを指導するために重要であると考える。

　収集したデータは，プレゼンテーションソフトウェア上に直接貼り付けたり，ファイルとして保存したりすることが必要である。情報を共有してプロジェクトを進めるために，グループ別のフォルダを設定し，データを整理して保存させている。データの共有のためのクラウドサービスを設定し，校内だけでなく，生徒が自宅などで調べた内容についても共有させることを発案したが，校内のネットワークの問題などで実現することができなかった。時代が進むにつれて，これらの方法が可能になれば，よりグループでプロジェクトを進めることが容易になり，家庭での宿題や，出かけた先での情報共有，遠隔地との学校との共同授業など，発想が広がっていくと思われる。

（4）プレゼンテーションの作成

　プレゼンテーションソフトウェアを用いて，討論の資料を作成することが作業の中心となるため，プレゼンテーションソフトウェアそのものの使い方について指導する必要がある。本実践では，プレゼンテーションソフトウェアの利用を必須とせず，紙芝居形式やポスター形式での作業も可能にしている。現実にはプレゼンテーションソフトウェアを選択することが大変に多いが，この段階を挟むことで，プレゼンテーションソフトウェアの利点とともに，紙でのメディアがもつ利点についても確認させることが目的である。プレゼンテーションソフトウェアの使い方についての指導は，概略だけにとどめ，作業の進捗をみながら，必要となる使い方についての内容を随時指導している。

　調査した内容を発表することは，コンピュータによるプレゼンテーションにより大変簡単に，効率的にできるようになった。しかし，プレゼンテーションの見かけの派手さに気を取られる生徒が多く，内容は薄くても表現が派手なものを高く評価する傾向がみられるようになった。内容やまとめ方を評価し，さらにさまざまな演出を効果的に使っているものを高く評価できるような指導をするようにしている。

　プレゼンテーションソフトウェアについての指導は，以下のような点に留意している。

① スライドを作り込むよりも，アウトラインを先につくること
② スライドごとにつくって後で結合するなど，グループで分担して作業をすすめること
③ できる限りメニュー的なスライドから分岐するような構造をつくること
④ 紙などの資料や実物の提示と組み合わせることを考えること
⑤ 情報の引用元を明示し，自分たちの考えとしっかり区別すること
⑥ 画像・音声などのコンテンツに必要な加工をすること
⑦ 聴く人を見ながら発表ができるようにすること

(5) 情報技術の基礎

　プレゼンテーション作成のために，多くのディジタルデータを取り扱うことになる。この機会を捉えて，ディジタルデータの特性についても時間を割いて指導している。生徒にとって，自分たちの作品をつくる上で役立つ知識として，作業を短時間中断する形で指導をしている。

　指導する内容は，「画像・音声のディジタル化」「データの量と情報の質の関係」「マルチメディア」などである。写真を一枚，プレゼンテーション上に載せることだけで，データ量が大きく増加することや，音声を圧縮しても音質を大きく変えずにデータ量を大きく減らせることなどを，実際の作業で体感させながら指導している。

(6) 討論

　討論の授業も，コンピュータ室で行うようにしている。コンピュータを用いたプレゼンテーションを中心とした各グループの発表を聴き，続けて討論を行っている。

　討論にどれぐらいの時間をかけるかは大変に難しい課題である。できる限り討論が盛り上がり，多くの生徒から意見を出すようにしたいが，グループの活動が不十分な時は短時間で終了してしまうことが多い。逆に討論が白熱し，授業内に収まらず，次の授業に持ち越すこともある。学級内のグループ数や対戦数を考慮し，時間を設定する必要がある。時間を決めて討論をさせることも重要だが，盛り上がってきた討論を簡単に終了させることも難しい。

　実際には各グループの先攻・後攻を決め，一通りの主張を聞いた後，質問などを含めた討論を行っている。討論がうまく進まないときは，教師が両グループの主張の違いを整理し，論点を絞って示すことも必要になる。

　討論を聞く側の生徒は，質問や自分の意見を述べるなどの参加をさせるとともに，展開される主張をきちんと整理して記録させるようにしている。この場合も，アイディアマップ形式やXチャートなどの思考ツールを使わせ，従来のノートでの記録では整理しにくい点を補うようにしている。また，聞く側の生徒にも各自のコンピュータを準備している。主張に疑問点などがある場合は，すぐに手元のコンピュータで調べることができる。今後，主張の記録などにもコンピュータを使い，自分の意見も記録できるような環境をつくることも考えている。

　討論について，ディベートのように勝敗をつけることが望ましいかどうかという検討が必要であるが，勝敗を決めることが，生徒の意欲につながることが多い。実際の授業では，納得できる方への拍手の多さなどで決定している。

　エネルギーをテーマに行った討論では，結果に特徴が見られた。表1の各テーマの組み合わせは，Aに現在のエネルギー環境問題を考える上で一般的と思われる立場を置き，Bにそれと相反する立場を置いている。単純な結果を求める授業の中ではAの

図1　エネルギーに関する議論

立場を正解とし，それ以上の考察を求めないことが多い。しかし，生徒が判定したある年度の議論の対戦結果を見ると，Aの八勝，Bの十五勝，七つの引き分けとなっており，データを示しながら科学的に考えれば，一般論を必ずしも正解と感じない生徒が多いことを示す結果となった。生徒自身が，議論をするという目的のためにそれぞれのテーマを深く学習したと共に，他者の意見を聞くことでエネルギーに関する問題について多面的な見方が必要であることを感じることができたことは大きな成果であると考えている。

（7） まとめ

授業の最後に落ち着いた環境でまとめをさせるようにしている。新しい気づきを整理し，討論の手法について反省をするとともに，社会での意志決定のために，自分の意見をしっかりともつこと，そのために創造的に情報機器や手段を利用していくことなどについて確認をさせている。この授業から，卒業直前におこなっている「出口授業」において，将来の技術と自分との関わりについて考えさせることにつなげるようにしている。

まとめ・考察

言語活用能力や知識基盤型社会で必要な知識を活用する力を高めることが重要視されるなかで，学習内容を単に理解することはできても，与えられた情報について深く考え，新たな考えを作り出すための思考力や，読解力，創造力が身についていない生徒が多いことに問題意識を感じていた。同時に情報機器や情報手段の悪い影響として，「コピペ」によるレポートのような，「考えない」ために使われることも大きな問題であると考えている。情報機器や情報手段は「考える」ために，あるいは「考えを深める」ために使われるべきであり，そうする力を生徒に身につけさせたいと考え，本実践を行ってきた。

情報機器や手段は，大変なスピードで発展を続けている。しかし，情報の扱い方の本質は全く変化していない。それぞれの環境で利用できるものを効果的に使い，自分の考えを深めていくことを体感させながら指導していきたい。

本実践には，生徒にさまざまなスキルが必要となり難易度の高い内容であると思われる。しかし，他の教科の授業でも同じような能力が求められていることからも，必ずスタンダードにしていくべき目的をもっていると考えている。卒業生から「あの時の討論のやり方が，大学や仕事で役立った。」という声を聴くことがある。社会で直接役立つ内容であると確信をもって，今後も実践を続けていきたい。

(河野　卓也)

● 編著者
　安東　茂樹（京都教育大学副学長）

● 執筆者（50音順）
　安藤　明伸（宮城教育大学准教授）
　井手　和憲（佐賀県健康福祉本部母子保健福祉課課長）
　大塚　芳生（熊本県立教育センター教科研修部技術・家庭研修室室長）
　大西　　有（茨城大学准教授）
　河野　卓也（滋賀県大津市立志賀中学校教諭）
　工藤　　哲（宮城県仙台市立八木山中学校教頭）
　小林　大介（横浜国立大学准教授）
　坂田　幸親（北海道旭川市立北門中学校教諭）
　佐藤　　修（神奈川県相模原市立小山中学校校長）
　服部　裕一（静岡県浜松市立南部中学校教諭）
　原田　　功（静岡県浜松市立西部中学校教頭）
　原田　信一（京都教育大学教授）
　平尾　健二（福岡教育大学教授）
　藤川　　聡（北海道教育大学准教授）
　藤本　光司（芦屋大学准教授）
　宮川　洋一（岩手大学准教授）
　森田　　忠（静岡県浜松市立篠原中学校教頭）
　湯地　敏史（宮崎大学准教授）
　吉田　　誠（奈良教育大学教授）

アクティブ・ラーニングで深める技術科教育
〜自己肯定感が備わる実践〜

平成27年10月30日発行
編著者● 　安東　茂樹
発行者● 　開隆堂出版株式会社
　　　　　代表者　大熊　隆晴
　　　　　〒113-8608　東京都文京区向丘1-13-1
　　　　　電話　03-5684-6116（編集）
　　　　　http://www.kairyudo.co.jp/
印刷者● 　三松堂印刷株式会社
発売元● 　開隆館出版販売株式会社
　　　　　〒113-8608　東京都文京区向丘1-13-1
　　　　　電話　03-5684-6118（販売）

■表紙デザイン・本文レイアウト　パシフィック・ウイステリア

● 定価はカバーに表示してあります。
● 本書を無断で複製することは著作権法違反となります。
● 乱丁本・落丁本はお取り替えいたします。
ISBN978-4-304-02121-3